AI→의 문을 여는 가장 쉬운 시작



# INTRODUCTION TO ARTIFICIAL INTELLIGENCE

# 인공지능입문

손창호 | 이은애

## 1 서론



## 2 인공지능의 기본 원리



## 3 파이썬과 기계 학습

## 4 인공지능의 응용 분야



## 5 인공지능의 미래

# 1

# 서론

## 1.1. 인공지능의 정의

인공지능(Artificial Intelligence)을 표준국어대사전에서 찾아보았을 때의 사전적 정의는 '인간의 지능이 가지는 학습, 추리, 적응, 논증 따위의 기능을 갖춘 컴퓨터 시스템'이다. 한편, 옥스퍼드 영어사전에서 마찬가지로 이를 찾아보았을 때의 정의는 'the theory and development of computer systems able to perform tasks that normally require human intelligence, such as visual perception, speech recognition, decision-making, and translation between languages'이며, 이는 곧 '시지각, 의사결정, 번역 등과 같이 통상적으로 인간의 지능을 요구하는 과업들을 수행할 수 있는 컴퓨터 시스템의 이론과 개발'을 의미한다. 위의 두 가지 사전적 정의가 공통으로 표현하고 있는 것을 살펴보면, 인공지능은 인간의 개입 없이도 인간의 지능을 가지고 생각하거나 행동할 수 있는 컴퓨터 시스템이라 정의할 수 있을 것이다. 하지만, 이런 사전적인 의미보다 학술적으로는 인공지능을 어떻게 정의하고 있는가에 대한 논의가 더 이루어져야 할 것이다.

인공지능에 대한 학술적 정의는 그동안 이루어진 인공지능에 관한 연구만큼이나 많이 존재한다. 이러한 정의들은 인공지능을 바라보는 관점에 따라 크게 ① 인간처럼 사고하는 것, ② 인간처럼 행동하는 것, ③ 이성적으로 사고하는 것, 그리고 ④ 이성적으로 행동하는 것으로 분류할 수 있다(Russell 등 2022). 이는 곧 인간의 지능을 인공지능을 통해 어떻게 표현할 것인가에 대한 관점의 차이로서 인간적인 것(humanly) 혹은 이성적으로 합리적인 것(rationally), 사고 과정(thinking) 혹은 행동(acting)의 두 개의 축으로 구분하고 있다.

〈표 1-1〉 네 가지 항목에 따라 구분한 AI에 대한 정의

| 인간처럼 사고(Thinking Humanly) | 합리적인 사고(Thinking Rationally) |
|---|---|
| "The exciting new effort to make computers think... machines with minds, in the full and literal sense." (Haugeland, 1985)<br>"[The automation of] activities that we associate with human thinking, activities such as decision-making, problem solving, learning..." (Bellman, 1978) | "The study of mental faculties through the use of computational models." (Charniak and McDermott, 1985)<br>"The study of the computations that make it possible to perceive, reason, and act." (Winston, 1992) |
| **인간처럼 행동(Acting Humanly)** | **합리적인 행동(Acting Rationally)** |
| "The art of creating machines that perform functions that require intelligence when performed by people." (Kurzweil, 1990)<br>"The study of how to make computers do things at which, at the moment, people are better." (Rich and Knight, 1991) | "Computational Intelligence is the study of the design of intelligent agents." (Poole et al., 1998)<br>"AI... is concerned with intelligent behavior in artifacts." (Nilsson, 1998) |

인공지능을 '인간처럼 생각하는 것'으로 바라보는 연구에서의 접근은 인간이 어떻게 생각하는가에 관한 연구가 선행되어야 한다. 인지과학적 측면에서 인간이 어떻게 생각하고 사고하는지에 대한 이해가 먼저 이루어져야 그 과정을 모방하는 것이 가능하기 때문이다. 어느 정도 정확한 인간의 사고 과정에 대한 이론이 정립되면, 이를 바탕으로 프로그램을 제작하여 그 프로그램이 인간과 같은 입력(input)과 출력(output)을 내는지에 대한 연구가 주로 이루어졌다. 하지만, 인간의 사고 혹은 추론 과정이 프로그램을 통해 잘 구현되었는지 판단하는 것은 단순히 출력값의 동일만이 중요한 것이 아니라, 그 계산 과정이 인간의 추론 과정과 일치하는지에 대한 판단이 중요하다. 이러한 의문을 제시한 대표적 사례로는, 가장 초기의 AI로 알려진 일반 문제 해결자(The General Problem Solver, GPS)를 개발한 Allen Newell과 Herbert

Simon이 프로그램 실행 결과의 정답 여부보다는 그 계산 과정이 사람의 계산 과정과 같은가에 더 관심을 가졌던 일이다. 이처럼, 사람처럼 생각하는 인공지능에 관한 연구는 인지과학과의 밀접한 학제 간 협업이 필요한 연구 분야로, 특히 현대에 들어서는 컴퓨터 비젼(Computer Vision)과 같이 인간에 대한 이해와 컴퓨터 계산적 모델링이 통합되어야 하는 분야에서 활발히 이루어지고 있다.

이성적으로 혹은 논리적으로 사고하는 인공지능에 관한 연구의 목표는 올바른 지식을 가지고 논리적으로 문제를 해결하는 인공지능을 만드는 것이었다. 하지만, 이런 접근에는 해결이 어려운 두 가지의 문제가 있었다. 공식적이지 않은 지식을 정해진 논리적인 틀에 맞출 수 없었다는 것과, 주어진 문제를 원칙 혹은 이론대로 풀이하는 것이 실질적 계산을 통해 풀이하는 것보다 비효율적이라는 것이다. 컴퓨터가 '논리적인' 계산을 하기 위해서는 컴퓨터가 인지할 수 있는 올바른 표기법에 따라 원칙과 이론을 입력해 주어야 하며, 이렇게 입력된 원칙과 이론을 컴퓨터가 소화하는 것은 숫자에 대한 계산보다 더 많은 프로세스가 필요하다는 것이다.

인간처럼 행동할 수 있는 인공지능에 대한 접근은 1950년 Alan Turing에 의해 이루어진 튜링 테스트(Turing Test) 접근이라고도 할 수 있으며, 직관적으로는 사람에 의한 반응인지 컴퓨터에 의한 반응인지 구별할 수 없도록 만드는 접근이다. 이러한 사람과 같은 행동을 할 수 있도록 하려면, 다음과 같은 기능이 있어야 할 것이다: 사람의 언어를 이해하고 출력할 수 있도록 하는 자연어 처리(Natural Language Processing, NLP), 주어진 사실과 관계성 등을 코드화하여 받아들일 수 있는 지식 표현(Knowledge Representation), 자동화된 추론(Automated Reasoning), 기계학습(Machine Learning, ML). 위의 기능들을 수행할 수 있다면 물리적인 것을 제외한 인간적인 행동이 가능할 것이다. 더 나아가, 물리적 행동 또한 취할 수 있는 인공지능을 위해서는 기계가 이미지를 통해 시각적으로 인지할 수 있게 하는 컴퓨터 비젼(Computer Vision)과 기계의 움직임을 위한 로봇공학(Robotics)적 발전이 더 이루어져야 할 것이다.

마지막으로, 이성적으로 혹은 합리적으로 행동하는 인공지능에 대한 접근에서 가장 먼저 소개되는 것은, 합리적 에이전트(Rational Agent)이다. 에이전트는 자동화되어 행동하며 주변 환경을 인지하고, 변화에 적응하며 설정된 목표를 달성하기 위해 행동하는 프로그램을 말한다. 따라서, 합리적 에이전트는 최적의 결과를 내기 위해 행동하는 에이전트라 할 수 있으며, 앞서 언급한 튜링 테스트를 통과하기 위해 필요한 기술들이 에이전트로 하여금 합리적인 행동을 할 수 있게 해준다. 이러한 접근의 핵심은 최적의 결과가 항상 옳은 것을 뜻하는 것은 아니라는 것이다. 옳은 결과를 내는 것도 합리적인 행동이라 할 수 있지만, 상황에 따라서는 옳고 그름에 관계없이 확률적으로 가장 최적의 결과를 내는 행동을 하는 것이 합리적일 수 있기 때문이다. 이런 합리적 행동들은 인간의 행동이나 사고 과정보다는 수학적으로 정의하고 모델링을 하기에 용이하기 때문에 많은 인공지능에 관한 연구들에서 합리적 에이전트에 관한 접근을 적용하고 있다.

## 1.2. 인공지능의 역사

현대의 인공지능(Artificial Intelligence)은 기계가 인간과 유사한 지능을 보이는 행동을 학습하고 시뮬레이션할 수 있도록 하는 컴퓨팅 분야로 정의되며, 이는 인지, 추론, 학습, 문제 해결, 인식 능력 등의 인간적 능력을 모방하는 알고리즘 및 소프트웨어 시스템의 개발을 포함한다. AI 기술의 중요성은 그것이 혁신과 생산성 증진에 미치는 지대한 영향에 있다. 복잡한 데이터 분석, 자동화된 의사결정, 그리고 개선된 인간과 기계 사이의 상호작용을 가능하게 함으로써 전통적인 컴퓨팅 방식을 능가하는 효율을 보인다. 이러한 기술들은 의료 진단, 기후 변화 모델링, 금융 시장 예측 등 다양한 산업 분야에서 고도로 전문화되고 중요한 영역에서 특히 중요하다.

인공지능의 역사는 인간 지능의 모방을 궁극적인 목표로, 20세기 중반에 시작된 컴퓨터 과학의 한 분야로 규정될 수 있다. 초기 단계에서의 AI는 기계가 인간처럼 사고하고 학습할 수 있는가에 대한 아이디어를 던지는 앨런 튜링의 논문 "계산 기계와 지능(computing machinery and intelligence)[1]"에 이론적 토대를 둔다. 1956년 다트머스 회의는 AI 연구의 시작을 알리는 주요 이벤트로, 이 회의에서 AI라는 용어가 처음 사용되었으며, 여기에 참석한 학자들은 기계학습, 언어 이해, 추론 문제 해결,

1 기계가 생각할 수 있을까?"라는 질문을 던져 인공지능 분야의 연구 방향을 정립하는 데에 중요한 영향을 미쳤다고 평가되는 1950년에 발표된 앨런 튜링의 논문. 튜링은 이 논문을 통해 인간 평가자가 기계와 대화한 이후 인간인지 기계인지 구분할 수 있는가를 평가하는 '튜링 테스트'를 제안하며 기계학습의 가능성을 탐구한다.

지각 문제, 추상화, 창의성과 같은 AI의 주요 연구과제를 정의했다.

이후 AI는 1960년대에는 인공지능에 대한 막대한 기대감이 광범위하게 퍼져 있었다. 이 시기에는 여러 연구자들이 컴퓨터가 곧 인간과 같은 수준의 지능을 발휘할 수 있을 것이라는 희망적인 전망을 내놓았으며, 성공적인 프로젝트 또한 여럿 등장했다. 그 예로는 인간의 대화를 모방하는 ELIZA, 인간과 같은 문제 해결 능력을 가지려 했던 General Program Solver 등이 있다. 또한, 이 시기에는 인공 신경망의 가장 초기 형태 중 하나인 퍼셉트론(Perceptron)[2]이 등장했다. 이는 인간의 뉴런이 작동하는 방식을 모방하며, 기계가 스스로 학습할 수 있다는 개념을 실현한 최초의 모델 중 하나이다.

이후, 1970년대와 1990년대 초반까지의 시기에 걸쳐 소위 'AI 겨울(AI winter)'이라 불리는 침체기가 두 번 찾아온다. 이는 인공지능 연구와 투자가 크게 감소한 시기를 가리키는 용어로, 그 원인에는 여러 가지 이유가 있다. 가장 주된 이유로는 인공지능에 대한 지나친 기대였다. 1960년대의 인공지능 연구에 대한 낙관은 비현실적인 기대감을 형성시켰고 연구과제를 과소평가하는 결과를 낳았다. 이로 인한 연구 성과의 지연과 당시의 경제적 문제가 겹쳐 인공지능 연구에 대한 공공의 지원이 감소하는 결과가 나타났다. 하지만, 이는 결국 연구 방법론과 기술적 접근법의 재평가로 이어졌다.

〈그림 1-1〉 A brief history of AI

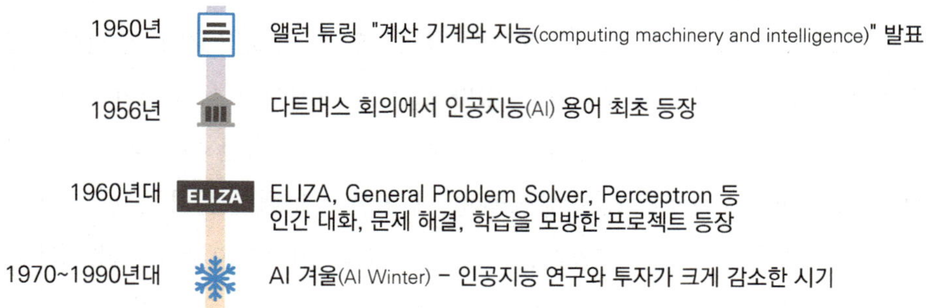


2 여러 개의 입력 신호를 받아 각각에 가중치를 곱한 뒤, 이를 합산하여 임계값을 넘으면 활성화되는 방식으로 동작. 퍼셉트론의 핵심 개념은 가중치를 자동으로 학습한다는 것. 데이터를 통해 주어진 문제에 대한 가중치를 조정하며, 이를 통해 데이터를 분류하는 방법을 학습함. 하지만, 비선형 문제를 해결하지 못한다는 한계점이 있었음.

# 2

# 인공지능의 기본 원리

## 2.1. 데이터와 알고리즘

인공지능의 핵심은 데이터를 처리하고 학습하여 예측하는 데에 있다. 데이터는 인공지능 모델이 학습해야 하는 재료이며, 알고리즘은 그 데이터를 기반으로 패턴을 찾아내는 절차이다. 즉, 이 두 가지 요소는 인공지능의 기본을 이해하는 데에 필수적인 요소이다.

〈그림 2-1〉 데이터와 알고리즘

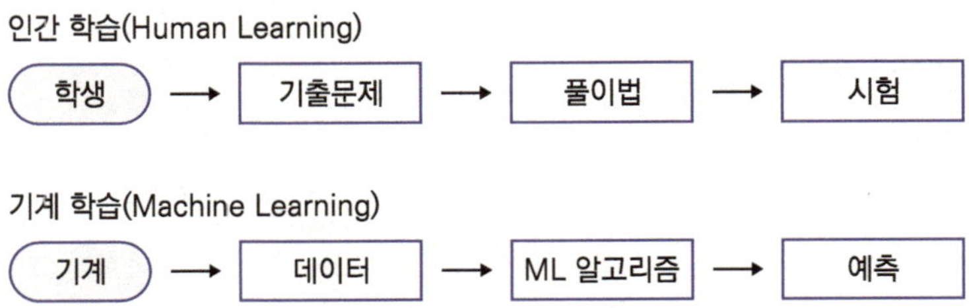


### 2.1.1. 데이터(Data)

데이터는 우리가 현실 세계에서 경험하는 다양한 정보를 디지털 형태로 표현한 것이다. 숫자, 텍스트, 이미지, 소리, 비디오 등 다양한 형태로 존재하며, 현대 기술의 발전으로 거의 모든 정보를 데이터로 변환할 수 있게 되었다. 이런 데이터는 크게 두 가지 종류로 나누어 볼 수가 있다.

〈표 2-1〉 정형 데이터와 비정형

| 구분 | 내용 | 예시 |
|---|---|---|
| 정형 데이터 (Structured Data) | 고정된 형식과 구조를 가진 데이터 | 이름, 나이, 주소 등이 입력된 엑셀 시트 |
| 비정형 데이터 (Unstructured Data) | 명확한 구조가 없는 데이터 | 텍스트, 이미지, 영상 등 |

정형 데이터는 고정된 형식과 구조를 가진 데이터이다. 엑셀의 스프레드시트를 통해 자료를 정리할 때처럼, 각 행과 열에 정해진 값들이 저장되는 속성을 가지고 있다. 연명부를 작성할 때에 각 열에는 이름, 나이, 전화번호, 주소 등을 입력하고 각 행에 구성원들의 데이터를 구분하여 저장하는 것이 그 예가 될 수 있다. 이러한 정형 데이터는 체계적이기에 분석 및 처리에 용이하다.

〈그림 2-2〉 정형 데이터

| | A | B | C | D | E | F |
|---|---|---|---|---|---|---|
| 1 | 번호 | 이름 | 국어 | 수학 | 사회 | 과학 |
| 2 | 1 | 김석진 | 85 | 90 | 95 | 80 |
| 3 | 2 | 민윤기 | 80 | 95 | 100 | 70 |
| 4 | 3 | 정호석 | 85 | 90 | 85 | 95 |
| 5 | 4 | 김남준 | 100 | 80 | 90 | 90 |
| 6 | 5 | 박지민 | 80 | 95 | 90 | 100 |
| 7 | 6 | 김태형 | 90 | 100 | 80 | 100 |
| 8 | 7 | 전정국 | 85 | 75 | 100 | 85 |

〈그림 2-3〉 비정형 데이터

비정형 데이터는 정형 데이터와는 반대로 고정된 구조나 형식이 없는 데이터이다. 텍스트, 이미지, 오디오 등 다양한 형태로 존재하여 정해진 틀에 분류하거나 저

장하기가 어렵다. 인간에게는 이러한 텍스트, 이미지, 비디오 등을 이해하는 것이 어렵지 않지만 컴퓨터 시스템이 이를 이해하고 처리하기 위해서는 빅데이터 처리 기술이나 기계 학습 과정 등이 필요한 복잡한 과정을 거친다.

이 두 가지 종류의 데이터가 큰 차이를 나타낼 수 있는 부분은 데이터 전처리(Data Preprocessing) 과정일 것이다. 데이터 전처리는 어떤 데이터에서 규칙을 찾아내고 분석하여 처리하는 데에 필수적인 단계이다. 수집된 원본 데이터는 대개 불완전하거나 오류가 있다. 즉, 데이터 분석에 사용될 도구에 맞게 데이터를 정제하고 변환하는 과정이 필요한 것이다. 인공지능과 기계 학습 모델을 구축하는 데에 데이터 전처리 과정은 모델의 성능과 직결된 부분으로 아주 중요하다.

〈그림 2-4〉 데이터 전처리 과정

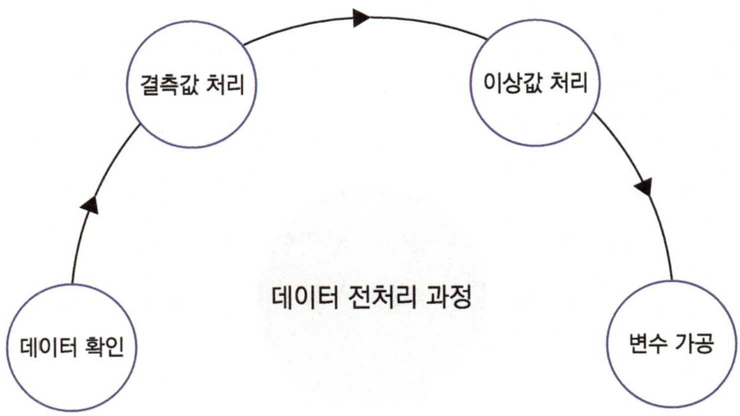


인공지능 모델 학습을 위한 데이터의 전처리 과정을 정의하는 방법은 여러 가지가 있지만, 크게 세 가지 단계로 구분된다.

① 데이터 확인 단계에서는 수집된 데이터를 이해하는 과정으로, 그 상태를 파악하고 그 특성을 분석한다. 데이터의 유형이 무엇인지, 어떤 변수를 가지는지, 분포는 어떤지 등 기본 사항들을 확인할 수 있다. 이 단계에서 데이터의 구조를 파악하고 변수 사이의 상관관계를 분석하여 데이터의 기본적인 패턴을 찾아낼 수도 있으며, 데이터의 누락된 값(결측치)나 비정상적인 값(이상치) 등이 있는지 파악할 수 있다.

② 데이터 정제(Data Cleaning) 단계에서는 데이터의 결함을 수정하거나 제거하는 과정이다. 비어 있는 값인 결측치를 삭제하거나 평균값, 중간값 등으로 대체해 주기, 비정상적으로 일반적 패턴에서 크게 벗어나는 값인 이상치 삭제하기, 중복된 값 통합하기 등이 이 단계에 해당한다.

③ 데이터 가공(Data Transform)은 데이터를 학습모델이 이해할 수 있는 형식으로 변환하는 과정이다. 데이터를 정규화 또는 표준화하여 일정 범위에 맞추거나 범주형 데이터를 숫자형 데이터의 형태로 바꾸어 주는 것 등 다양한 활동이 이에 해당한다. 즉, 데이터 전처리는 데이터를 분석하고 비정상적이라 판단된 오류를 수정한 후, 모델 학습 혹은 알고리즘 적용에 적합한 상태로 변환해주는 일련의 과정이다. 이러한 데이터 전처리는 마주한 데이터가 무엇인지에 따라 그 과정이 얼마든지 달라질 수 있다.

### 2.1.2. 알고리즘(Algorithm)

알고리즘은 주어진 입력값(Input)으로부터 원하는 출력값(Output)을 얻어내는 데에 사용되는 수학적 과정이자 명령의 집합이다. 알고리즘은 문제를 해결하기 위한 체계적인 절차로, 우리의 일상생활과 빗대어 설명한다면 요리법, 짐 정리, 길 찾기 등 마주하는 문제들을 해결하는 모든 방법을 알고리즘의 예로 볼 수 있다.

〈그림 2-5〉 알고리즘

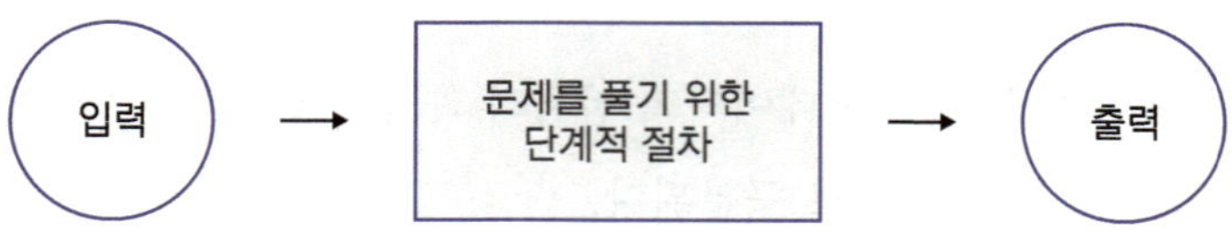


알고리즘이 명확하고 효율적으로 작동하기 위해서는 갖추어야 하는 몇 가지 중요한 특성이 있다. ① 명확성(Unambiguous)은 알고리즘의 각 단계가 모호함이 없어야 한다는 것이다. 즉, 각 명령은 하나의 해석만 가능해야 하며 동일한 결과를 도출할 수 있어야 한다. ② 유한성(Finiteness)은 알고리즘이 무한 반복에 빠지지 않고, 문제 해결을 위해 유한한 반복 횟수 안에 종료되어야 하는 특징이다. ③ 입력(Input)

이 없이도 동작할 수 있는 알고리즘이 있지만, 문제 해결을 위한 알고리즘은 한 개 이상의 입력값을 가지고 동작해야 하며, 적어도 하나 이상의 ④ 출력(Output)값을 가져야 한다. ⑤ 효과성(Effectiveness / Feasibility)은 알고리즘의 각 단계가 간단하면서도 실행 가능한 연산이어야 한다는 것이다. ⑥ 독립성(Independence)은 알고리즘이 어떤 프로그래밍 언어로 구현하던 동일한 논리적 절차를 따라 문제를 해결할 수 있어야 한다는 것이다.

알고리즘의 종류는 주어진 문제가 무엇인지, 어떤 결과를 기대하고 있는지에 따라 다양하지만, 인공지능과 기계 학습에서 주로 사용되는 알고리즘은 분류(Classification) 문제를 해결하는 알고리즘과 회귀(Regression) 문제를 해결하는 알고리즘이다. 분류문제는 주어진 입력 데이터가 어떤 카테고리에 속하는지 예측하는 문제이다. 예를 들면, 어떤 이메일이 스팸인지 아닌지 판단하는 것, 동물 이미지를 보고 강아지인지 고양이인지 결정하는 것 등이 이에 해당한다. 회귀문제는 주어진 데이터를 기반으로 특정 위치의 값을 예측하는 문제이다. 분류문제와 달리 출력값이 정해진 카테고리 중 하나가 아니라 연속적인 수치라는 차이점이 있다. 예시로는, 과거 주식 데이터를 바탕으로 특정 시기의 주식 가격 예측하기 등이 있다.

〈그림 2-6〉 분류와 회귀

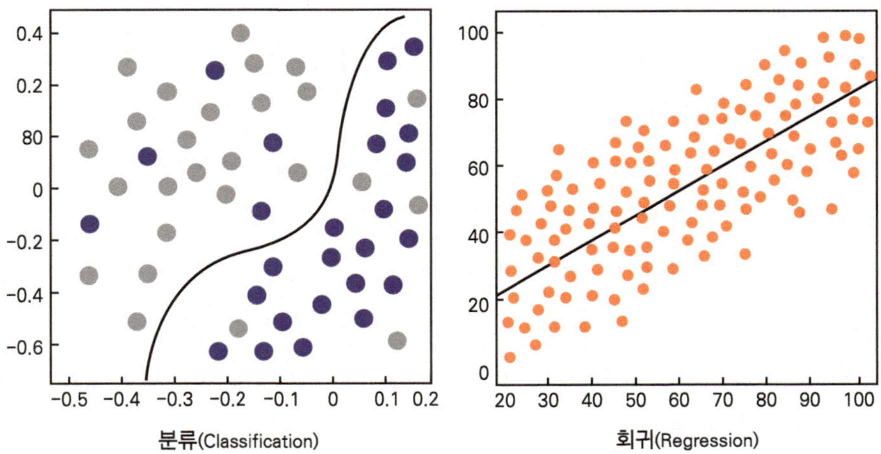


〈그림 2-6〉에서는 분류문제와 회귀문제를 모두 해결할 수 있지만, 분류문제 해결에 주로 사용되는 의사결정 나무 알고리즘에 대해 알아보자.

〈그림 2-7〉 의사결정 나무의 기본 구조

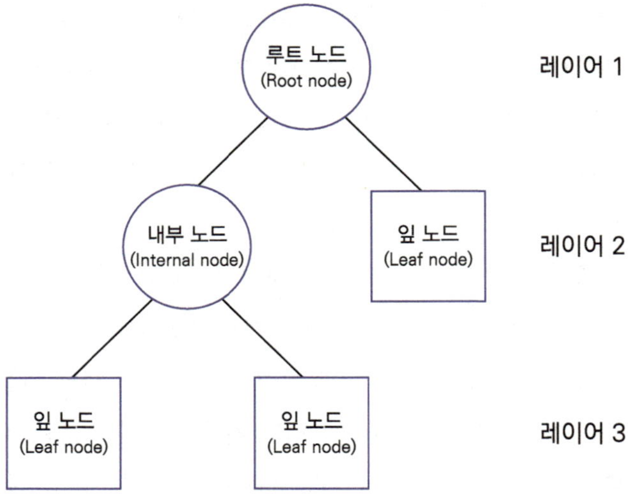


의사결정 나무(Decision Trees)는 분류와 회귀문제 모두에 사용될 수 있다. 그 이름에서 알 수 있듯 나무와 같은 구조를 가지며, 각 노드(node)가 데이터의 특성에 대한 질문을 표현하고, 가지(branch)가 이 질문에 대한 답변을 나타낸다. 이 알고리즘은 데이터를 분석하여 의사결정의 규칙을 학습하고 이를 통해 예측을 수행한다. 각 노드는 트리의 최상단에 위치하여 최초의 질문 또는 결정을 나타내는 루트 노드(Root Node), 중간에 위치하여 데이터의 특성에 관한 질문 또는 결정을 나타내는 내부 노드(Internal Nodes), 결정 트리의 맨 아래에 위치하여 분류 결과 혹은 값을 나타내는 잎 노드(Leaf Nodes) 또는 종단 노드(Terminal Nodes)로 구성된다.

의사결정 나무를 만드는 과정은 데이터를 효과적으로 분류하거나 예측하는 규칙을 찾아내는 일련의 단계로, 데이터의 특성을 기반으로 서브 그룹(subgroups)을 반복적으로 나누는 방식이다. 가장 먼저 이루어지는 것은 의사결정 나무 알고리즘에 사용될 훈련 데이터를 준비하는 것이다. 데이터는 특성(예: 나이, 소득 등)과 목표 변수(분류 레이블 또는 예측값)를 포함해야 한다. 데이터가 준비되었다면 트리의 최상단에 위치할 루트 노드를 선택한다. 이 노드는 전체 데이터를 대표할 수 있는 노드가 되어야 한다.

〈그림 2-8〉 의사결정나무의 구성 과정

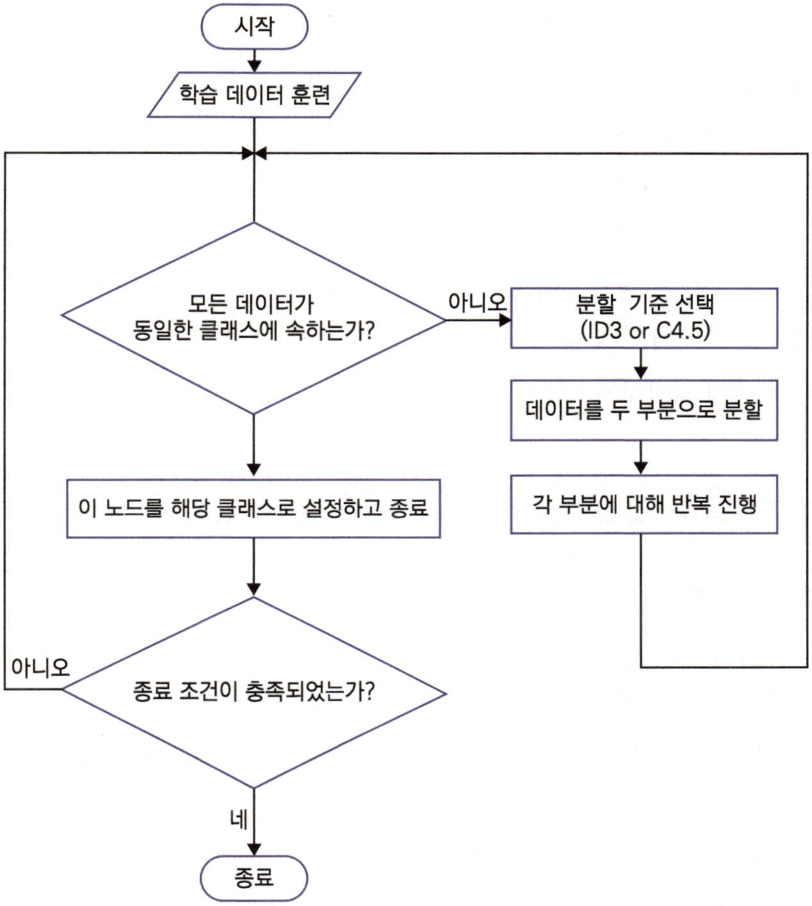


다음은 데이터들을 분할할 기준이 되는 특성을 결정하는 것이다. 선택된 특성과 기준에 따라 데이터 분류하면 데이터는 두 개 이상의 서브 그룹으로 나누어지게 되며, 더 분할될 수 없거나 설정된 최대 층(layer)에 도달할 때까지 반복한다.

분할 과정이 완료되면, 각 잎 노드에서는 최종적으로 결정을 내려야 한다. 분류문제의 경우에는 분류된 데이터 내에서 가장 빈번한 클래스 레이블을 할당하며, 회귀문제의 경우에는 그 그룹의 평균 또는 중앙값을 예측값으로 한다.

결정 트리는 의료 진단, 고객 분류와 같은 분류문제에 널리 사용되며. 금융 위험 평가와 같은 회귀문제에서도 연속적인 값을 예측하는 데에 사용될 수 있다.

### 2.1.3. 데이터와 알고리즘

컴퓨터과학적 측면에서 데이터와 알고리즘은 상호 보완적인 관계이다. 데이터는 주어진 문제를 해결하기 위한 재료이며, 알고리즘은 그 데이터를 처리하여 원하는 결과를 도출하는 과정이다. 요리의 과정을 생각하면 그 이해가 어렵지 않다. 요리를 할 수 있는 재료가 잘 손질되어 있지만, 이를 맛있게 요리할 수 있는 레시피가 없다면 요리는 형편없을 것이다. 마찬가지로, 레시피는 있지만 재료가 없거나 재료가 있더라도 잘 손질되어 있지 않다면 그 레시피는 무용지물이 될 것이다. 다음 장에서는 디지털 시대에 들어서며 등장한 빅 데이터(Big Data)와 기계학습(Machine Learning)에 대해 알아보자.

## 2.2. 빅데이터(Big Data)와 기계학습(Machime Learning)

### 2.2.1. 빅데이터

우리는 일상생활 중에 엄청난 양의 데이터와 마주하고 스스로 데이터를 생산하기도 하며, 사람이 아니더라도 기계가 생산하는 막대한 양의 데이터를 접하기도 한다. 마트에서 사람들이 구매하는 물품의 품목과 총 가격, 오늘 하루 교차로를 통과한 차량의 번호와 차주, SNS에 수시로 올라오는 텍스트와 영상 등 다양한 데이터가 존재하며 그 생산 주기는 아주 짧다. 이렇듯, 규모가 방대하고 빠른 속도로 생산되며 그 종류가 다양한 데이터를 포괄하는 형태를 빅데이터라고 할 수 있다.

빅데이터의 특징은 3V로 표현되고는 했다. 빅데이터의 3V는 Volume(크기), Velocity(속도), Variety(다양성)를 뜻한다. ① Volume(데이터의 크기)은 빅데이터의 막대한 크기를 의미한다. 기존 메가바이트(MB), 기가바이트(GB)를 지나 이제는 테라바이트(TB)에서 페타바이트(PB) 단위의 데이터를 다루게 되며 전통적인 데이터베이스 관리시스템에 의한 관리는 어려워졌다. 이는 빅데이터의 가장 큰 특징이기도 하다. ② Velocity(데이터 처리 속도)는 실시간으로 대량 생산되는 데이터를 빠르게 처리할 수 있는 속도이다. 그 예로, 자율주행차량은 실시간으로 생성되는 센서 데이터를 빠르게 처리할 수 있는 능력이 있어야 한다. 주어진 대량의 데이터를 신속하게 분석하고 처리하지 못한다면 적절한 의사결정이 이루어지기 어려울 것이다. 마지막으로,

③ Variety(데이터의 다양성)는 다양한 데이터가 혼합된 형태를 의미하며, 이를 효과적으로 처리하기 위해서는 고도의 데이터 분석기법이 필요하다.

〈그림 2-9〉 빅데이터

〈그림 2-10〉 빅데이터 3V

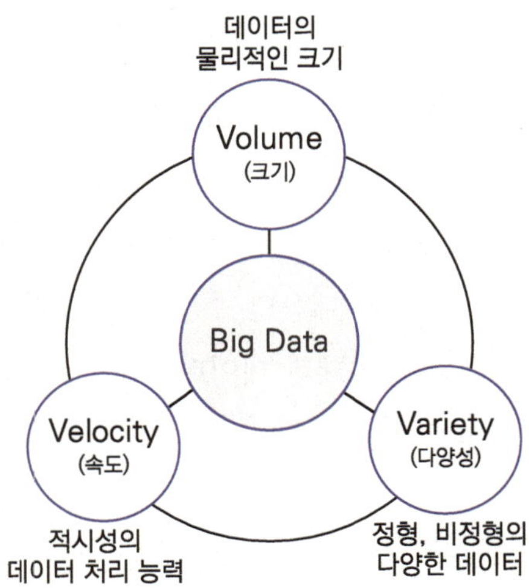

하지만, 최근에는 이 3V에서 끝나지 않고 더 다양한 빅데이터의 속성들이 추가되고 있다. Veracity(데이터의 신뢰성)는 데이터의 정확성을 의미한다. 데이터의 신뢰성이 보장되지 않는다면 그 데이터를 기반으로 한 분석과 예측의 오류로 이어질 수 있다. Value(데이터의 가치)는 그 데이터를 분석하여 유의미한 결과를 얻어낼 수 있는 가치를 의미한다. 대량의 데이터는 그 자체로는 의미가 있다고 할 수 없다. 그 데이터를 어떻게 활용하느냐에 따라 그 가치가 결정되는 것이다. Variability(데이터의 가변성)는 데이터가 시간 혹은 맥락에 따라 의미가 달라지거나 일관되지 않게 생성되는 특성이다. 빅데이터는 지속적으로 변화하는 환경에서 수집되기에 항상 같은 방법으로의 데이터 분석은 의미가 없을 수 있다. 마지막으로, Visualization(데이터의 시각화)은 데이터를 시각적으로 표현함으로써 데이터를 쉽게 이해할 수 있도록 하는 것을 의미한다. 큰 규모의 데이터를 한눈에 알아볼 수 있게 시각화하는 것은 다양한 사람들이 데이터를 이해할 수 있는 좋은 방법이다.

〈그림 2-11〉 빅데이터 7V

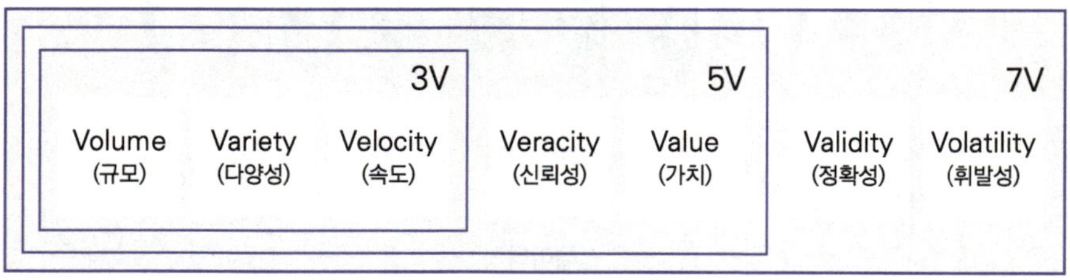


빅데이터는 이제 단순히 많은 양의 데이터라는 개념을 넘어, 방대한 데이터를 빠르고 정확하게 처리하여 실시간으로 유의미한 가치를 추출하는 능력에 중점을 두고 있다. 다양한 데이터 유형을 관리할 수 있어야 하고, 데이터 신뢰성의 확인은 물론 데이터의 변화에 또한 빠르게 대응할 수 있어야 한다. 이처럼 빅데이터는 더 넓은 개념으로 확장되고 있으며, 방대한 데이터를 보다 효율적으로 다루고 활용할 수 있는 기술적 능력이 중요시 되고 있다.

## 2.2.2. 기계 학습

빅데이터의 등장은 인공지능 기술의 발전을 가속하는 중요한 촉매제 역할을 했다. 과거에는 데이터를 수집하는 것 자체가 큰 도전이었다. 하지만, 인터넷, 소셜 미디어, 사물인터넷(IoT), 센서 기술 등의 발전으로 대규모의 다양한 데이터가 빠른 속도로 생성되기 시작하자 이런 복잡한 데이터를 분석하고 유의미한 정보를 추출하는 것에 한계가 생겨났다.

이러한 배경 속에서 인공지능은 빅데이터를 다루고 분석하는 데에 필수적인 도구로 부상하게 되었다. 기계 학습은 인간의 한계를 넘어서는 데이터 분석 능력을 제공하여, 빅데이터의 가치를 끌어올리는 데에 중요한 역할을 한다. 그 기술의 일환인 기계학습(머신러닝)은 컴퓨터가 데이터를 통해 스스로 분석하고 패턴을 찾아내며, 그 학습을 기반으로 결정을 내린다. 이때 중요한 것은, 사람이 모든 과정에 개입하며 명령을 내리지 않아도 컴퓨터가 스스로 학습할 수 있다는 것이다. 이러한 기계 학습의 유형을 크게 세 가지로 나누어 살펴보고자 한다.

〈그림 2-12〉 지도학습, 비지도학습, 강화학습

기계 학습 모델과 학습 알고리즘

| 지도학습 (Supervised Learning) | 비지도학습 (Unsupervised Learning) | 준지도학습 (Semi-supervised Learning) | 강화학습 (Reinforcement Learning) |
|---|---|---|---|
| 정의<br>데이터 과학자가 입력값, 출력값, 피드백을 제공해 모델을 학습 | 정의<br>딥러닝을 사용하여 레이블되지 않은 데이터를 통해 패턴과 구조를 발견 | 정의<br>레이블 데이터와 레이블되지 않은 데이터를 함께 사용하여 모델을 학습 | 정의<br>보상과 처벌 체계를 기반으로 스스로 해석하고 판단하고 시행착오를 통해 최대의 보상을 찾도록 학습 |
| 대표 알고리즘<br>• **선형 회귀** (Linear Regression)<br>: 매출 예측, 리스크 평가<br>• **서포트 벡터 머신** (Support Vector Machines)<br>: 이미지 분류, 재무 성과 비교<br>• **의사결정 나무** (Decision Trees)<br>: 예측 분석, 가격 책정 | 대표 알고리즘<br>• **어프라이어리** (Apriori)<br>: 판매 기능 분석, 단어 연관성, 검색<br>• **K-평균 군집화** (K-means Clustering)<br>: 성능 모니터링, 사용자 의도 분석<br>• **인공 신경망** (Artificial Neural Networks)<br>: 합성 데이터 생성, 패턴 인식 및 데이터 마이닝 | 대표 알고리즘<br>• **생성적 적대 신경망** (Generative Adversarial Networks)<br>: 오디오·비디오 조작, 데이터 생성<br>• **자가 학습 나이브 베이즈 분류기** (Self-trained Naïve Bayes Classifier)<br>: 자연어 처리 | 대표 알고리즘<br>• **Q-러닝** (Q-learning)<br>: 정책 수립, 에너지 절감<br>• **가치 기반 모델 추정** (Model-based Value Estimation)<br>: 선형 문제, 매개변수 추정 |

### 2.2.2.1 지도 학습(Supervised Learning)

지도 학습(Supervised Learning)은 기계 학습의 한 방법으로, 데이터와 그에 해당하는 레이블(label)을 사용하여 모델을 훈련시키는 과정을 말한다. 이 과정은 모델이 주어진 입력 데이터의 레이블을 예측하고, 그 예측이 실제 레이블과 일치하는지 평가하여 학습하는 것이 포함된다. 지도학습의 목표는 새로운, 미지의 데이터에 대해 정확한 예측이나 분류를 할 수 있는 모델을 만드는 것이다.

〈그림 2-13〉 지도학습

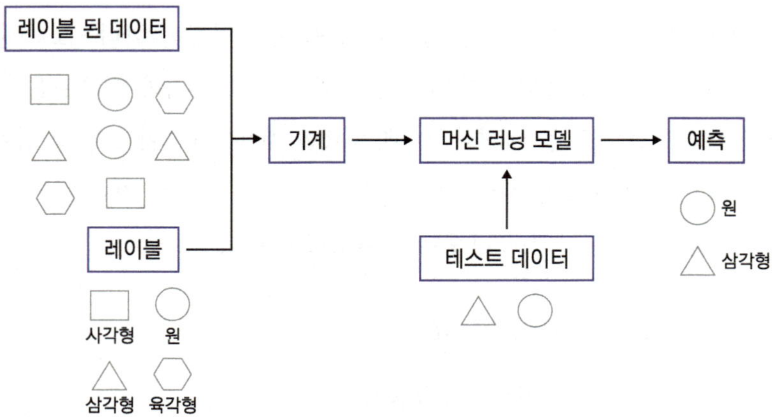


지도학습에는 훈련 데이터(Training Data)가 필요하다. 이 데이터는 모델 학습에 사용되는 데이터로, 각 데이터 포인트는 레이블과 함께 제공된다. 훈련 데이터를 통해 추출된 특정 패턴 및 특징들과 제공된 레이블과의 매칭을 바탕으로 새로운 데이터에 대해 예측을 수행할 수 있게 되는 것이다.

훈련 과정은 통상 두 단계로 이루어진다. 첫 번째는 실제 훈련 단계(training)로, 여기서 모델은 제공된 데이터에서 변수 간의 관계를 학습한다. 두 번째 단계는 평가 단계로, 별도의 검증 데이터(test data)를 사용하여 모델이 얼마나 잘 일반화되는지를 평가한다.

지도학습이 잘 이루어지게 하는 핵심은 충분한 양의 적절한 데이터를 확보하는 것이다. 학습 데이터가 실제 환경을 잘 반영해야만 모델이 새로운 상황에 대해 정확한 예측을 할 수 있기 때문이며, 모델이 훈련 데이터에만 잘 맞추어져 있어 새로운 데이터에 대한 예측을 잘하지 못하게 되는 과적합(overfitting)을 피하기 위한 적절한 검증 방법과 조정이 필요하다.

〈그림 2-14〉 과적합

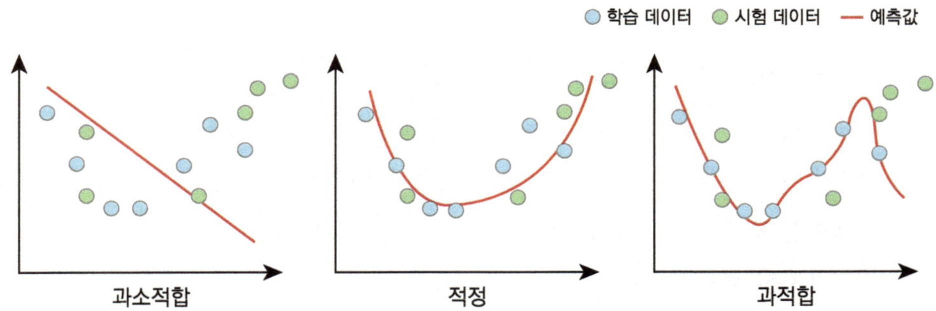


지도학습은 한 예로는 서포트 벡터 머신(Support Vector Machine, SVM)을 들 수 있다. SVM은 주로 분류문제를 해결하는 데 사용되는 알고리즘으로, 주어진 데이터를 분류할 수 있는 최적의 경계(결정 경계, Decision Boundary)를 찾는 것이 목표이다.

〈그림 2-15〉 서포트 벡터 머신

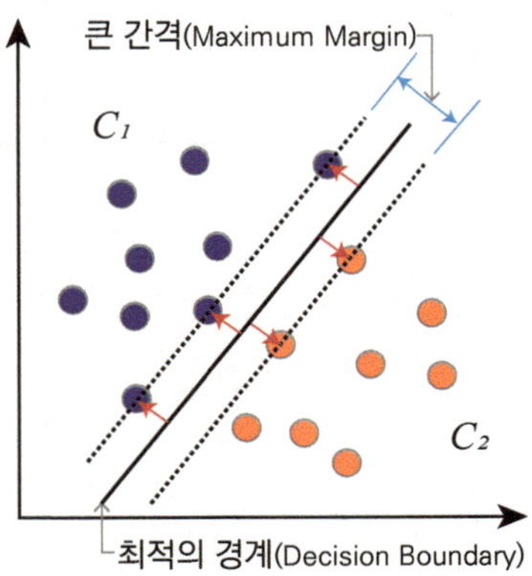


SVM은 데이터 포인트들을 분리하는 최적의 초평면(Hyperplane) 경계(Decision Boundary)를 찾는다. 이 경계는 두 클래스 사이에서 가장 큰 간격(최대 마진, Maximum Margin)을 유지하면서 데이터를 분리하는 역할을 한다.

SVM은 특히 두 개 이상의 클래스가 명확하게 구분되어야 하는 분류 문제에 매우 효과적이다. 예를 들어, 스팸 이메일 분류, 이미지 인식, 생물학적 데이터 분석 등이 이에 포함된다. 또한, SVM은 회귀 분석에도 활용될 수 있으며, 이 경우에는 기후 데이터, 시간, 계절 등의 정보를 사용하여 특정 지역의 에너지 수요를 예측하는 데에 사용될 수 있다.

### 2.2.2.2 비지도 학습(Unsupervised Learning)

비지도 학습(Unsupervised Learning)은 앞서 살펴본 지도학습과 마찬가지로 기계학습의 한 방법이다. 하지만, 지도학습과는 다르게 비지도 학습을 위해 주어지는 데이터는 레이블링이 되어있지 않다. 즉, 레이블링이라는 인간의 개입 없이 데이터 자체만을 가지고 학습이 이루어지는 것이다.

〈그림 2-16〉 지도학습과 비지도학습의 차이

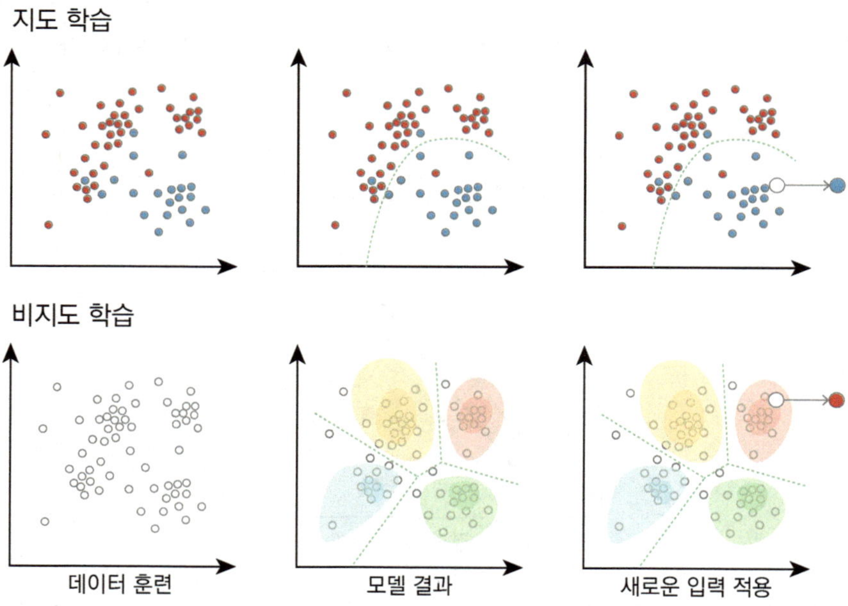


훈련 데이터를 가지고 학습한 모델을 통해 주어진 데이터의 유형을 구분하거나 예측값을 결과로 가지는 지도학습과는 달리, 비지도 학습의 결과는 데이터의 숨겨진 구조나 패턴, 관계를 나타내는 결과를 가진다. 이런 비지도 학습의 주요 유형으

로는 유사한 특성을 가진 데이터 포인트들을 그룹으로 묶는 군집화(Clustering)와 데이터의 차원 특성 수를 줄이는 차원 축소(Dimensional Reduction) 등이 있다.

비지도 학습의 한 방법이라고 할 수 있는 K-평균 방법에 대해 알아보자. 군집화는 비지도 학습의 주요 방법으로, 유사한 특성이나 패턴을 가진 데이터 포인트들을 그룹으로 묶는 과정을 말한다. 이러한 군집화의 목적은 데이터 내에서 자연스럽게 형성되는 그룹을 식별하여, 유사한 데이터 포인트들을 함께 분류하는 것이다. 비지도 학습은 레이블이 없는 상태에서 학습이 이루어지기 때문에, 구조가 정의되어 있지 않은 데이터에 대한 분석이 필요하거나 데이터의 숨겨진 특성을 찾는 등의 행위가 필요할 때 유용하다.

K-평균은 주어진 데이터를 겹치는 부분이 없는 K개의 군집(Cluster)으로 나누는 것을 목표로 하며, 각 군집은 해당 군집에 속하는 데이터 포인트들의 평균 위치에 의해 정의된다. K-means 알고리즘은 다음과 같은 단계로 진행된다.

〈표 3-1〉 K-means의 과정 (Garza-Ulloa, 2018)

| 단계 | 내 용 |
|---|---|
| 단계 1 | 각 군집에 대한 임의의 중심점(Centroids)을 지정. 즉, K개의 중심점 선정 |
| 단계 2 | 각 데이터 포인트들을 가장 가까운 중심점이 속한 군집에 할당 |
| 단계 3 | 각 군집에 대한 새로운 중심점을 선정 |
| 단계 4 | 중심점이 더는 변하지 않는 등 정해진 종료 조건이 충족될 때까지 단계 2와 단계 3을 반복 |

첫 번째 단계에서는 임의로 K개의 중심점을 선정한다. 이 중심점들은 각 군집의 중심을 나타내는 것으로, 임의로 선정한 것이기 때문에 최종 결과와는 상관이 없을 수 있다. 두 번째 단계에서는 각 데이터 포인트를 가장 가까운 중심점에 할당한다. 일반적으로는 각 데이터 포인트들 사이의 거리로 유클리드 거리가 사용되나, 문제의 성격에 맞는 거리를 선정하여 사용한다. 다음은, 한 군집으로 선정된 데이터 포인트들의 평균 위치를 계산하여 새로운 중심점을 정의하는 것이다. 이 중심점은 전 단계에서 달라질 수도, 같을 수도 있다. K-means 알고리즘은 위의 두 단계를 반복하는데, 일반적으로는 중심점이나 각 군집에 속한 데이터 포인트들의 업데

이트가 더 이상 진행되지 않을 때 학습이 완료된다.

〈그림 2-17〉 K-means의 과정 (James et al., 2023)

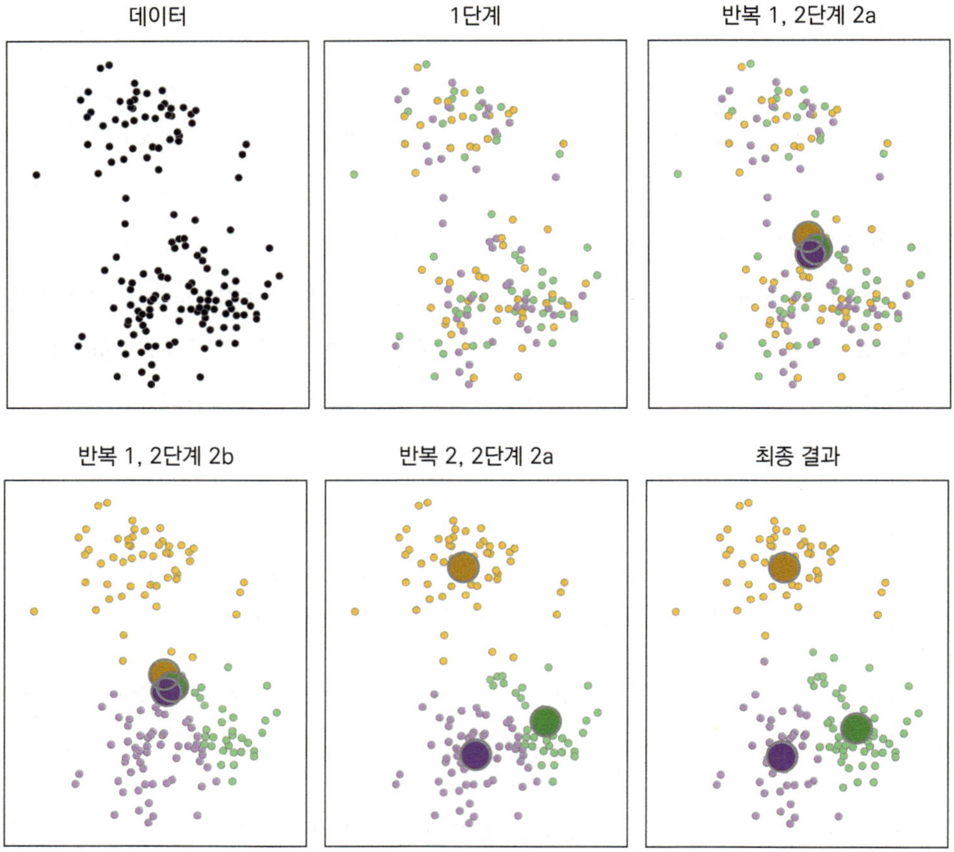


K-means 알고리즘은 구현이 간단하고 대규모의 데이터셋이 주어져도 비교적 빠르게 수행될 수 있다는 장점이 있어 많은 연구에서 활용되고 있다. 하지만, 몇 개의 군집으로 나눌 것인지, 가장 첫 단계에서 결정되는 임의의 값들은 어떻게 정할 것인지 등의 결정 요소들에 따라 결과가 달라지기도 하기 때문에 초기 설정이 매우 중요하다.

### 2.2.2.3 강화 학습(Reinforcement Learning)

강화학습(Reinforcement Learning, RL)은 에이전트(Agent)가 환경(Environment)과 상호작용하면서 주어진 목표를 달성하기 위해 최적의 행동을 학습하는 과정이다. 강화학습의 핵심은 행동(Action)에 대한 보상(Reward) 시스템을 통해 학습하는 것이며, 에이전트는 시행착오를 통해 어떤 행동이 최대의 보상을 가져오는지 학습한다(Sutton, 2018).

〈그림 2-18〉 강화학습의 과정 (Amiri et al., 2018)

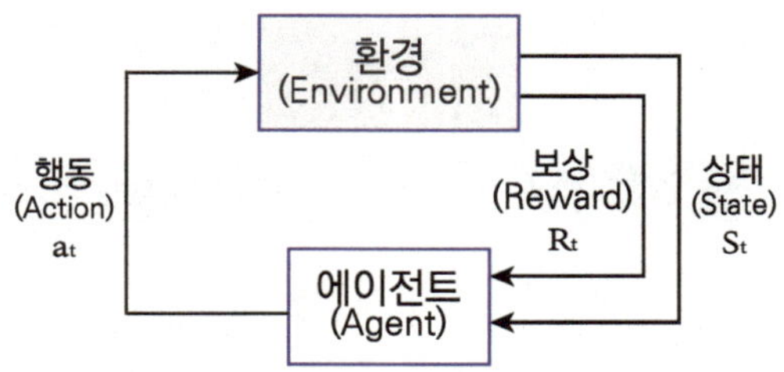


〈그림 2-18〉에서 알 수 있듯, 에이전트는 주어진 환경으로부터 현재 상태를 확인하며, 그 상태를 기반으로 행동을 선택 및 실행한다. 이러한 행동에 대한 결과로, 환경은 에이전트에 보상과 새로운 상태를 제시한다. 에이전트는 이런 보상을 최대로 얻으려면 어떤 행동을 해야 하는가를 학습하게 된다.

강화학습은 환경과의 상호작용이 이루어지는 면에서 자율 주행 차량이나 로봇공학 등 복잡한 환경에서의 의사 결정이 필요한 문제에 강하다. 하지만, 적절한 보상체계를 설계하고 다양한 환경에서의 충분한 학습이 진행되어야 한다는 유의사항이 있다. 이런 강화학습의 한 형태는 Q-Learning이다. 이 학습은 에이전트가 주어진 환경에서 취할 수 있는 각 행동에 대해 기대할 수 있는 미래 보상의 총합인 Q-값(Q-Value)을 학습하는 것이다.

에이전트는 특정 상태에서 특정 행동을 취했을 때 얻을 수 있는 예상 보상의 총합인 Q-값을 모든 가능한 상태와 행동 조합에 대해 정리하여 Q-테이블에 저장한다. 에이전트는 현재 상태에서 가능한 모든 행동에 대한 Q-값을 참고하여 행동을 정하고, 선택한 행동을 통해 얻은 보상과 새로운 상태를 기반으로 Q-값을 업데이트한다.

〈그림 2-19〉 Q-Learning

Initialized

| Q-Table | | Actions | | | | | |
|---|---|---|---|---|---|---|---|
| | | South (0) | North (1) | East (2) | West (3) | Pickup (4) | Dropoff (5) |
| States | 0 | 0 | 0 | 0 | 0 | 0 | 0 |
| | ⋮ | ⋮ | ⋮ | ⋮ | ⋮ | ⋮ | ⋮ |
| | 327 | 0 | 0 | 0 | 0 | 0 | 0 |
| | ⋮ | ⋮ | ⋮ | ⋮ | ⋮ | ⋮ | ⋮ |
| | 499 | 0 | 0 | 0 | 0 | 0 | 0 |

Training

| Q-Table | | Actions | | | | | |
|---|---|---|---|---|---|---|---|
| | | South (0) | North (1) | East (2) | West (3) | Pickup (4) | Dropoff (5) |
| States | 0 | 0 | 0 | 0 | 0 | 0 | 0 |
| | ⋮ | ⋮ | ⋮ | ⋮ | ⋮ | ⋮ | ⋮ |
| | 328 | -2.30108105 | -1.97092096 | -2.30357004 | -2.20591839 | -10.3607344 | -8.5583017 |
| | ⋮ | ⋮ | ⋮ | ⋮ | ⋮ | ⋮ | ⋮ |
| | 499 | 9.96984239 | 4.02706992 | 12.96022777 | 29 | 3.32877873 | 3.38230603 |

이러한 Q-Learning은 경험을 통해 학습하기 때문에 사전 지식이 필요 없다는 장점이 있어 최적의 결정을 내리기 위해 다양한 상황을 학습하는 데에 적용될 수 있다. 하지만, 상태 공간이 매우 크거나 복잡한 경우에는 Q-테이블의 크기가 커지기 때문에 학습 과정에 어려움이 생길 수 있다.

## 2.3. 인공 신경망과 딥러닝

### 2.3.1. 인공 신경망

인공 신경망(Artificial Neural Network)은 인간 뇌의 신경망을 모방하여 만들어진 컴퓨터 알고리즘이다.

〈그림 2-20〉 실제 뉴런과 인공 뉴런의 디자인 (Krenker et al., 2011)

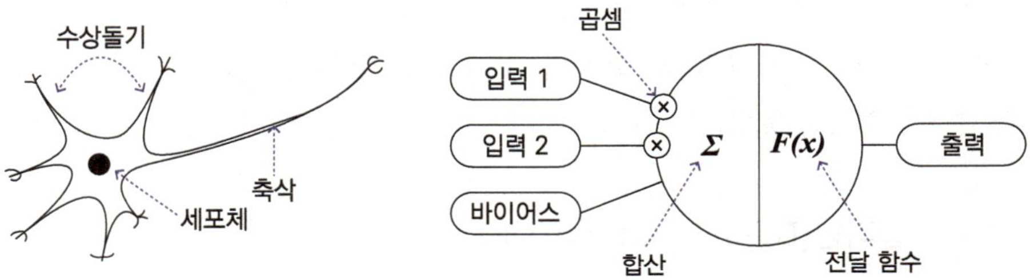


인공 신경망은 〈그림 2-20〉과 같은 인공 뉴런들이 서로 연결되어 복잡한 연산을 수행할 수 있도록 설계된 구조를 가지고 있다.

〈그림 2-21〉 인공신경망 (Mojid et al., 2019)

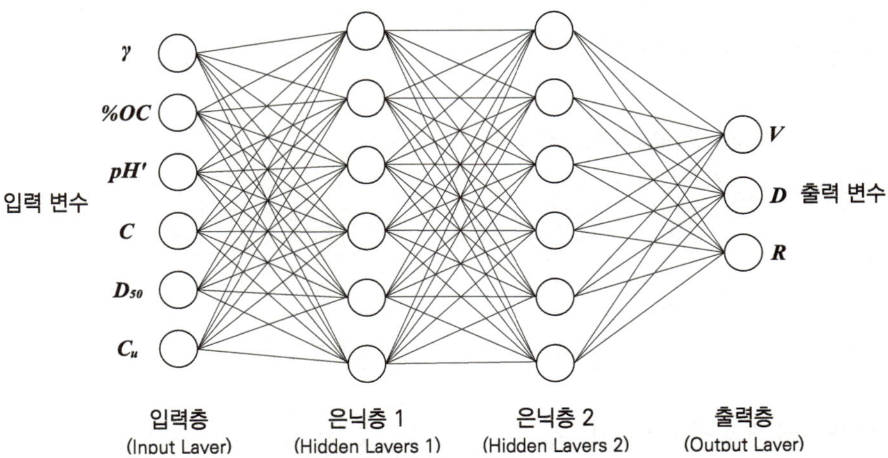


〈그림 2-21〉에서 확인할 수 있듯, 인공 신경망은 입력 신호를 받아 처리하고, 결과를 다른 노드(인공 뉴런)로 전달하는 노드들로 이루어져 있다. 일반적으로 입력층(Input Layer), 하나 이상의 은닉층(Hidden Layers), 그리고 출력층(Output Layer)로 구성

된다(Krenker et al., 2011). 입력층은 외부에서 데이터를 받아들이는 층, 은닉층은 입력층과 출력층 사이의 실제 데이터 처리가 이루어지는 내부 층이며 출력층은 최종 결정이나 예측 결과를 제공하는 층이다. 노드 간의 연결에는 가중치(Weight)가 적용되며, 이 가중치는 학습 과정 중에 조정된다. 각 노드의 출력값은 활성화 함수(Activation Function)로 결정된다.

인공 신경망은 대용량의 데이터를 통한 학습이 가능하여 현대와 같이 빅데이터의 시대가 도래했을 때에 보다 효과적으로 활용되고 있으며, 딥러닝(Deep Learning)의 핵심이 되는 기술로 이미지 및 음성 인식, 자연어 처리 등 다양한 고급 AI 응용 분야의 발전을 이끌고 있다.

### 2.3.2. 딥러닝(Deep Learning, DL)

딥러닝(Deep Learning, DL)은 여러 개의 은닉층을 포함한 심층 신경망을 사용하는 인공 신경망을 기반으로 한 기계학습의 한 분야이다. 딥러닝 모델과 기존의 기계학습 모델들과의 가장 큰 차이점은 데이터로부터 필요한 특성을 스스로 학습한다는 것이다(LeCun et al., 2015). 기존의 기계학습에서는 데이터로부터 필요한 특성을 직접 추출하는 복잡한 전처리 과정이 필요했다. 하지만, 딥러닝 모델은 원시 데이터(Raw Data)로부터 직접 학습할 수 있기 때문에 이런 과정이 필요 없게 되었다.

〈그림 2-22〉 기존의 기계학습과 딥러닝의 차이

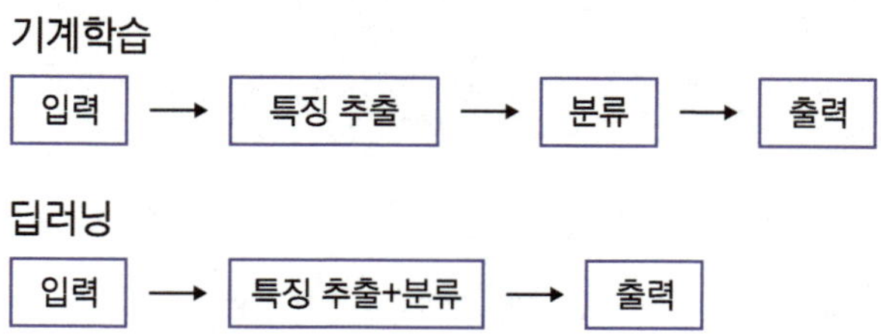


빅데이터와의 상호작용이 가능하여 복잡하고 큰 데이터로부터 정교한 패턴을 학습할 수 있는 딥러닝 모델들은 다양한 알고리즘을 적용하여 기존에는 제대로 처리하기 어려웠던 문제들을 해결하기 시작했다.

### 2.3.3. 주요 딥러닝 모델

#### 2.3.3.1. 컨볼루션 신경망(Convolutional Neural Networks, CNN)

컨볼루션 신경망(CNN)은 주로 이미지 처리, 비디오 분석, 이미지 분류 및 객체 감지와 같은 분야에서 사용되는 모델이며, 기본적인 구성 요소는 컨볼루션 레이어(Convolutional Layer), 활성화 함수(Activation Function), 풀링 레이어(Pooling Layer), 완전 연결 레이어(Fully Connected Layer)이다(Gu et al., 2018).

〈그림 2-23〉 CNN의 기본적 구조 (Tabian et al., 2019)

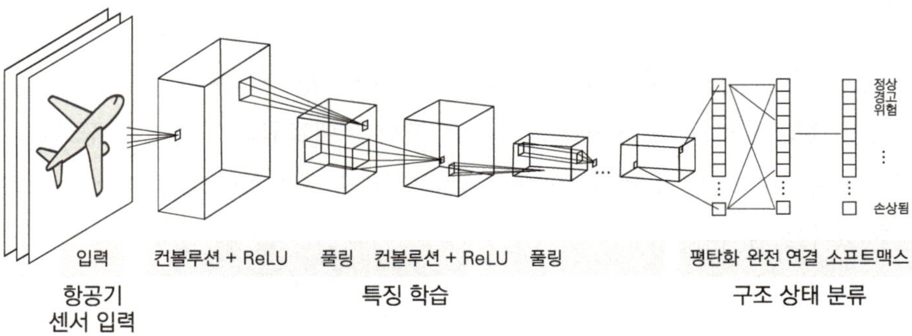


컨볼루션 레이어는 데이터에서 특징을 추출하는 데에 사용된다. 이때의 활성화 함수는 대부분 ReLU(Rectified Linear Unit) 활성화 함수[1]가 사용된다. 컨볼루션 레이어를 거치면 추출된 특징이 특징 맵(Feature Map)에 저장된다. 풀링 레이어에서는 이 특징 맵의 크기를 줄여 특징 정보를 저장한다. 컨볼루션 레이어와 풀링 레이어를 거친 뒤 최종적인 분류 또는 예측을 위한 레이어 이다(Tabian et al., 2019).

컨볼루션 신경망은 앞서 언급했던 것과 같이, 이미지 처리와 관련된 다양한 분야에서 활용되고 있다. 이미지 분류(Image Classification)가 그 대표적인 기술인데, 이는 이미지에 포함된 객체나 특징을 식별하여 각 이미지를 특정 카테고리에 분류하는 데 사용된다. 딥러닝에 대한 예시로 가장 많이 제시되는 개와 고양이를 구분하는 문제가 이에 해당한다.

또 다른 기술로는 객체 감지(Object Detection) 기술이 있다. 이는 이미지 내에서 객체를 식별하고 위치를 찾는 것으로, 보안 영상이나 자율주행 차량, 의료 영상 분

1 입력이 0보다 크면 그대로 출력하고, 0 이하이면 0을 출력하는 함수

석 등 다양한 분야에서 활용된다. 이미지 내의 얼굴만을 인식하는 얼굴 인식(Face Recognition) 또한 CNN을 기반으로 한 모델을 통해 이루어질 수 있다.

〈그림 2-24〉 얼굴 식별 및 인식 (Sun et al., 2019)

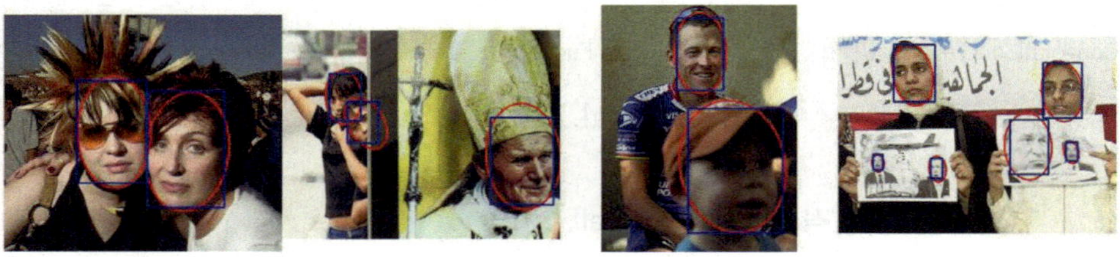

### 2.3.3.2. 순환 신경망(Recurrent Neural Networks, RNN)

순환 신경망(Recurrent Neural Network, RNN)의 핵심은 네트워크가 이전의 정보를 기억하고, 이를 통해 순차적 데이터에서 시간적인 연속성과 컨텍스트(context)를 모델링할 수 있다는 점이다.

〈그림 2-25〉 순환 신경망 구조의 예시[2]

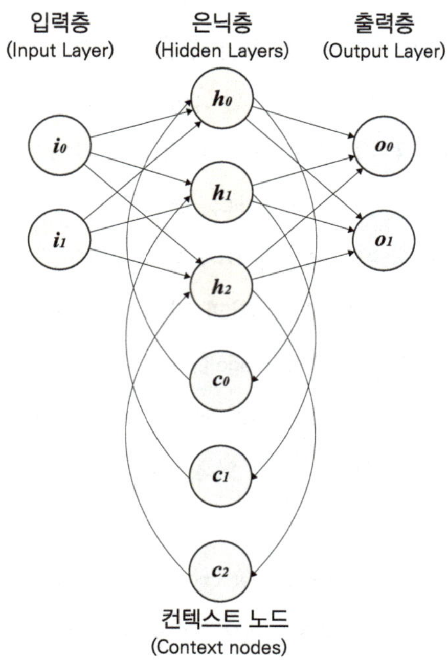


2https://developer.ibm.com/articles/cc-cognitive-recurrent-neural-networks/(검색일: 2023.12.02.)

RNN는 기본적으로 데이터 시퀀스의 처리를 위해서 네트워크 내에서 순환이 되는 연결은 가진다. 그럼에서 볼 수 있듯, 컨텍스트 노드에서 출력된 데이터가 다시 은닉층에 입력되는 것을 볼 수 있다. 이러한 구조적 특징이 있기 때문에 RNN은 시퀀스의 각 요소가 이전 요소들과 어떤 관계를 가지는지 학습할 수 있어 문맥에 기반한 의사결정이 가능하다(Sherstinsky, 2020).

이런 RNN이 주로 적용되는 분야는 대표적인 시퀀스 데이터인 문자에 대한 적용으로, 자연어 처리(Natural Language Process, NLP) 기술이 있다. 자연어 처리는 문장 또는 문단 내의 단어 순서와 문맥을 이해하는 텍스트 생성, 감성 분석, 번역 등에 사용된다. 또 다른 대표적인 시퀀스 데이터인 시간에 대한 적용도 활발히 이루어 지고 있기 때문에, 주식 가격 예측, 기상 예측 등 과거 데이터를 기반으로 미래를 예측하는 일에 활용되고 있다. 음성 인식 기술에도 RNN이 활용될 수 있는데, 음성의 시간적 특성을 분석하여 음성을 텍스트로 변환하는 데에 적용된다.

하지만, 이런 RNN의 한계라고 할 수 있는 것이 장기 의존성 문제(Long-Term Dependency Problem)이다. 장기 의존성 문제는 시퀀스 모델에서 흔히 발생하는 문제로, 모델이 시퀀스 내에서 멀리 떨어진 요소들 사이의 관계를 학습하는 데에 어려움을 겪는 현상을 말한다(Sherstinsky, 2020). 이러한 문제를 해결하기 위해 등장한 것이 다음으로 다룰 장단기 메모리이다.

#### 2.3.3.3. 장단기 메모리(Long Short-Term Memory, LSTM)

LSTM(Long Short-Term Memory)은 순환 신경망(RNN)의 한 변형으로, 1997년 Sepp Hochreiter와 Jürgen Schmidhuber에 의해 소개되었다. LSTM은 RNN의 장기 의존성 문제를 해결하기 위해 설계되었으며, 특히 시계열 데이터와 같은 순차적인 데이터의 복잡한 패턴과 장기적인 의존성을 포착하는 데 탁월하다는 것이 입증되었다. LSTM의 핵심은 셀 상태(Cell State)라고 불리는 정보의 수평적인 흐름이다. 셀 상태는 LSTM 유닛을 통과하면서 정보를 추가하거나 제거하기 위한 게이트 메커니즘에 의해 조정된다.

〈그림 2-26〉 LSTM의 구조

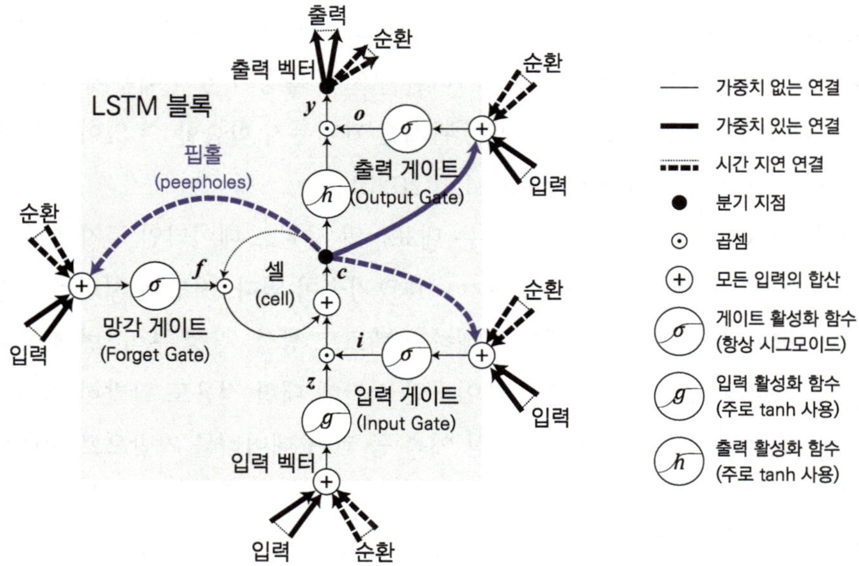


LSTM은 세 가지 주요 게이트로 구성된다. 입력 게이트(Input Gate)는 셀 상태에 어떤 새로운 정보를 저장할지 결정한다. 시그모이드 활성화 함수를 사용하여 0과 1 사이의 값을 출력하는데, 0은 "아무것도 저장하지 않는다"를, 1은 "모든 것을 저장한다"를 의미하며, 하이퍼볼릭 탄젠트 활성화 함수를 사용하여 셀에 저장될 후보 값들의 벡터를 생성한다. 이 두 결과는 곱해져 셀 상태에 추가될 정보를 결정한다.

망각 게이트(Forget Gate)는 어떤 정보를 셀 상태에서 제거할지를 결정한다. 이 게이트 역시 시그모이드 활성화 함수를 사용하여 0과 1 사이의 값을 출력하며, 0은 "완전히 잊는다"를, 1은 "완전히 기억한다"를 의미한다.

출력 게이트(Output Gate)는 다음 숨겨진 상태에 어떤 부분의 셀 상태를 출력할지 결정한다. 마찬가지로, 시그모이드 활성화 함수를 사용하여 출력될 부분을 결정하며, 셀 상태의 하이퍼볼릭 탄젠트 값과 이 값을 곱하여 최종 출력을 결정한다.

LSTM의 이러한 게이트 메커니즘은 입력, 잊기, 그리고 출력의 미세 조정을 통해 장기적인 의존성을 효과적으로 학습하게 해준다. 그 결과로, LSTM은 번역, 음성 인식, 주식 가격 예측 등 다양한 시퀀스 학습 작업에서 뛰어난 성능을 보인다.

### 2.3.3.4. 자동 인코더(Autoencoder)

자동 인코더(Autoencoder)는 입력 데이터를 가능한 효과적으로 복원해낼 수 있는 인공 신경망의 일종이다. 이는 주로 데이터의 차원을 축소하거나 노이즈 제거, 특징 학습 등에 사용된다.

〈그림 2-27〉 오토 인코더의 일반적 구조 (Banl et al., 2021)

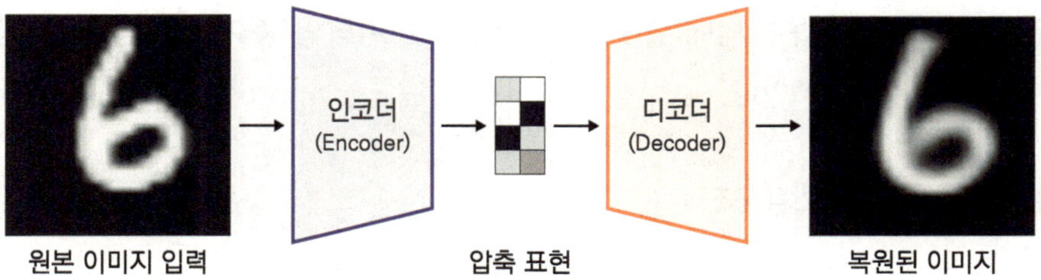


자동 인코더는 일반적으로 인코더(Encoder)와 디코더(Decoder)로 구성되어 있다. 인코더는 입력 데이터에서 중요한 특징들을 추출하여 저차원의 잠재 표현(Latent Representation)으로 변환한다. 디코더는 인코더에서 생성된 잠재 표현을 다시 원본 데이터 공간으로 복원한다. 디코더의 목표는 원본 데이터를 가능한 한 정확하게 재구성하는 것이다. 네트워크의 가중치 조정은 복원된 데이터와 원본 데이터 사이의 차이를 최소화 하는 방향으로 조정된다(Banl et al., 2021).

〈그림 2-28〉 오토 인코더의 활용 (Song et al., 2021)

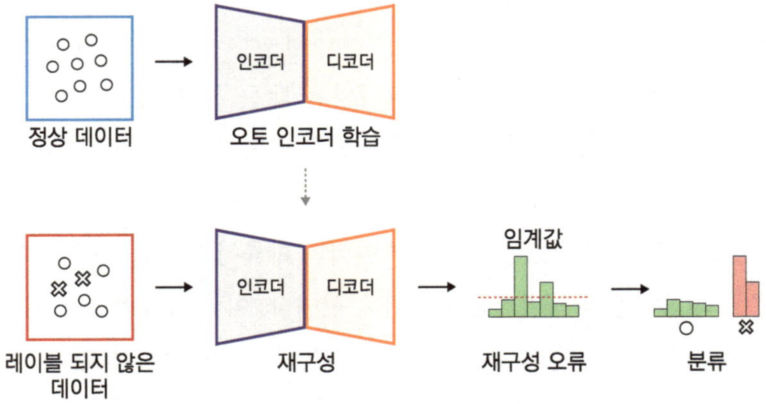

이러한 오토 인코더는 다양한 분야에 활용될 수 있다. 가장 흔히 활용되는 분야는 노이즈(Noise) 제거, 이상치 탐지(Anomaly Detection)와 같이 정상적인 데이터의 특징을 학습하고, 이와 다른 패턴을 가진 데이터를 탐지하는 것이다(Song et al., 2021). 〈그림 2-28〉에서 볼 수 있듯, 학습된 오토 인코더 모델은 정상적인 데이터의 특징을 학습했기 때문에 그 범주에서 벗어난 특징들은 비정상적인 것이라 판단하고 식별할 수 있는 것이다. 그 외에도 고차원의 데이터를 저차원으로 압축하는 차원 축소, 다른 학습 작업에 활용할 수 있도록 데이터의 중요한 특징을 학습하는 것 등에도 사용될 수 있다.

〈그림 2-29〉 VAE의 일반적 구조[3]

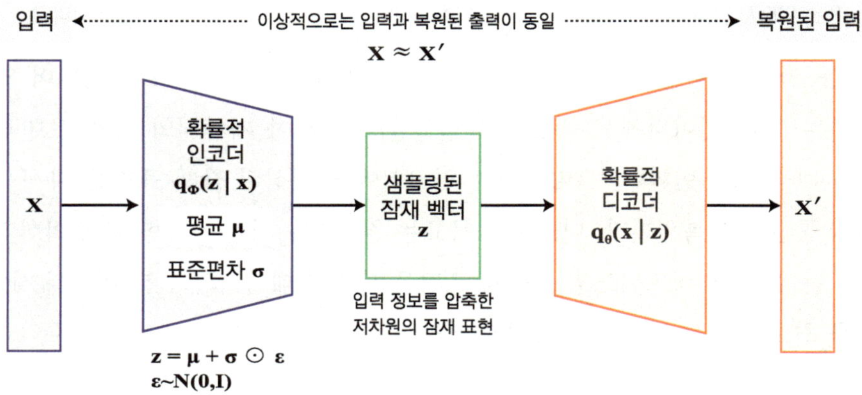


자동 인코더는 다양한 형태로 변형되어 활용되고 있는데, 그 중 하나가 데이터 생성 모델로 잘 알려진 변분 자동 인코더(Variational Autoencoder, VAE)이다.

변분 자동 인코더와 기존의 자동 인코더의 가장 큰 차이점은, 기존의 자동 인코더는 원본 데이터의 복원에 가장 중점을 두고 있다면, VAE는 원본 데이터의 복원을 위한 입력 데이터의 잠재 표현 학습과 확률적 샘플링에 중점을 두고 있다는 것이다(Doersch, 2016). VAE는 입력된 데이터의 확률적 특성을 모델링 한다. 이 과정에서 주로 사용되는 파라미터는 평균과 분산이다. 이런 확률적 특성 모델을 가지고 부작위로 포인트를 샘플링 한다. 이렇게 샘플링된 포인트들은 디코더에서 원본 데이터 공간의 새로운 데이터 포인트를 생성한다. 즉, 원본 데이터와 유사한 특성

3 https://lilianweng.github.io/posts/2018-08-12-vae/ (검색일 : 2023.12.03.)

을 가지는 새로운 데이터가 생성되는 것이다(Nugroho et al., 2020). VAE를 통한 데이터 생성은 이미지, 음악, 텍스트 등 다양한 분야에서 활용되고 있다.

〈그림 2-30〉 VQ-VAE로 생성한 사람의 얼굴 (Razavi et al., 2019)

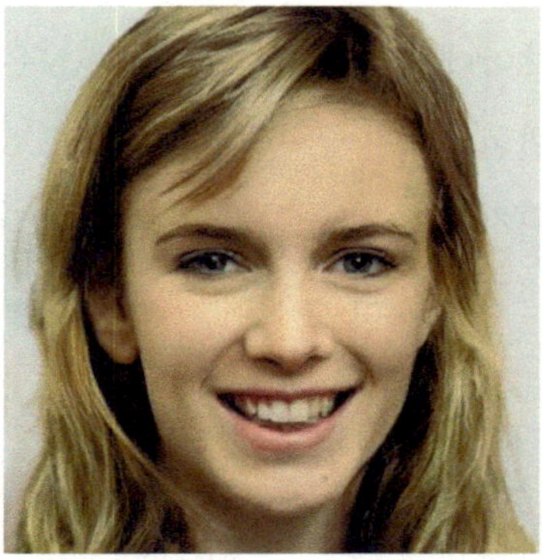

#### 2.3.3.5. 생성적 적대 신경망(Generative Adversarial Networks, GAN)

생성적 적대 신경망은 두 개의 신경망이 서로 적대적인 관계에서 경쟁하면서 학습하는 구조를 가진다. 이 과정은 게임 이론의 개념에 기초하며, 두 네트워크는 서로의 성능을 향상시키기 위해 경쟁하는 것이다(Bayat, 2023).

〈그림 2-31〉 GAN의 일반적 구조 (Bayat, 2023)

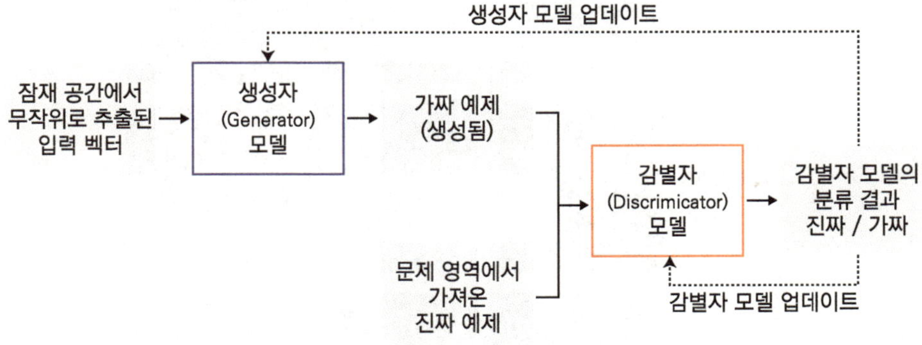


생성자(Generator)의 목적은 실제 데이터와 유사한 새로운 데이터를 생성하는 것이다. 생성자는 실제 데이터와 무작위 잡음을 입력받아 실제 데이터와 구별하기 어려운 새로운 데이터를 생성한다. 감별자(Discrimicator)는 실제 데이터와 생성자가 만든 데이터를 구별하며, 그 정확도를 최대화하려 한다. 이 두 신경망가 서로 경쟁하는 구도로 학습이 진행되며, 각 신경망은 역전파(Backpropagation)와 최적화를 통해 손실함수를 최소화하여 개선될 수 있도록 신경망의 가중치를 업데이트한다 (Goodfellow, 2020).

이런 GAN은 다양한 분야에 활용될 수 있다. GAN을 널리 알렸던 이미지 생성(Image Generation), 스타일 변환(Style Transfer) 외에도 텍스트-이미지 합성(Text-to-Image Synthesis), 혹은 훈련 데이터가 부족한 경우 추가적인 학습 데이터를 생성해 주는 데이터 증강(Data Augmentation) 등이 있다.

〈그림 2-32〉 test-to-image synthesis (Frolov, 2021)

텍스트-이미지 합성은 자연어 설명을 바탕으로 해당 내용을 시각화하는 이미지를 생성하는 기술이다(Frolov, 2021). 또 다른 GAN의 활용사례로는 훈련 데이터가 부족한 경우에 GAN을 사용하여 추가적인 데이터를 생성하는 데이터 증강(Data Augmentation)이 있다. 한 사례로는, 손동작 판단 모델을 생성하기 위해 필요한 수많은 학습 데이터들의 일부를 GAN을 통해 생성해내는 연구가 있었다(Farahanipad et al., 2022). 이처럼, 다양한 분야에서 GAN을 적용한 연구가 이어지고 있다.

〈그림 2-33〉 GAN을 활용한 손동작 데이터 생성 (Farahanipad et al., 2022)

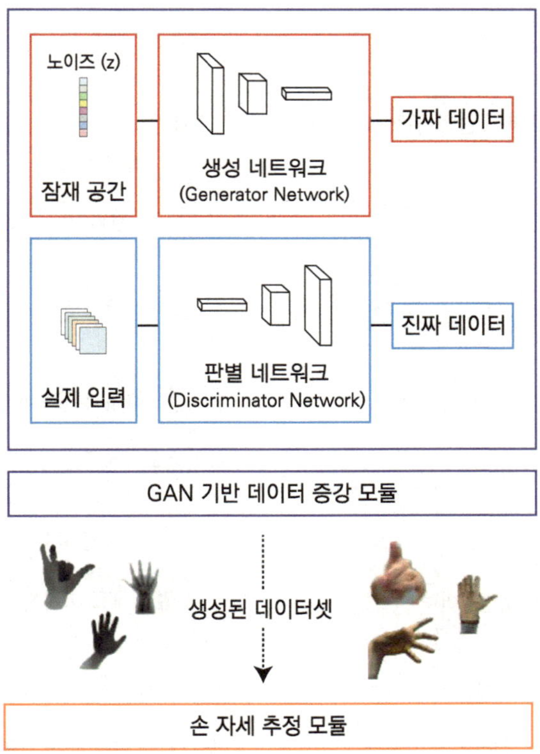


### 2.3.3.6. 트랜스포머(Transformers)

트랜스포머 모델은 자연어 처리 분야에서 혁신적인 변화를 가져온 모델이다. 이 모델은 주목 메커니즘(Attention Mechanism)을 통해 기존의 순환 신경망이나 장단기 메모리 모델의 한계를 극복했다.

트랜스포머 모델은 입력된 일련의 토큰(단어 또는 문자)으로 구성된 시퀀스에 각 토큰에 대한 위치 정보를 추가한다. 이는 모델이 단어의 순서를 고려할 수 있도록 돕는다. 다음은 각 토큰과 다른 토큰들과의 관계를 계산한다. 이를 셀프 어텐션(Self Attention)이라고 하는데, 이 셀프 어텐션은 여러 헤드(Head)를 통해 병렬적으로 수행된다. 이런 병렬적 수행을 멀티 헤드 어텐션(Multi-Head Attention)이라고 하며, 이런 수행으로 인해 전체 시퀀스를 한 번에 처리할 수 있게 된다. 이를 기존의 RNN이나 LSTM의 순차적 데이터 처리와는 다른 방식으로 학습 속도가 훨씬 빠르다. 즉, 트랜스포머 모델은 입력 시퀀스 내의 모든 단어 간의 관계를 동시에 고려함으로써 문맥을 더 잘 이해하고, 중요한 정보에 더 많은 주목을 할 수 있게 해준다(Vaswani et al., 2017).

〈그림 2-34〉 트랜스포머 모델의 구조 (Vaswani et al., 2017)

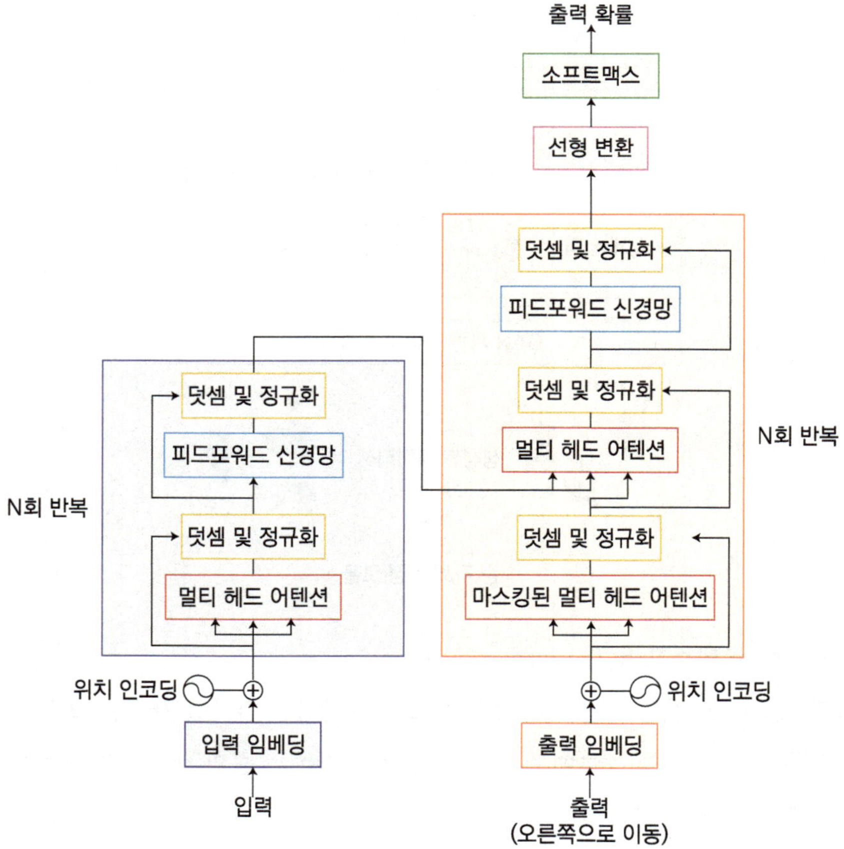

이런 트랜스포머 모델은 높은 정확도와 속도로 다양한 언어 간의 번역 작업을 수행할 수 있고, 대량의 텍스트 데이터를 요약하여 핵심 정보를 제공할 수 있으며, 자연어 질문에 대한 정확한 답변을 생성한다. 이렇듯, 트랜스포머 모델은 자연어 처리 분야에서 뛰어난 성능을 보여주어 BERT, GPT와 같은 모델들의 기반이 되었다.

## 2.4. 인공지능의 주요 활용 분야

### 2.4.1. 자연어 처리(Natural Language Processing, NLP)

자연어 처리는 컴퓨터가 인간의 언어를 이해하고 생성하며, 상호작용이 가능할 수 있는 만드는 기술이다. 자연어는 한국어, 영어 등과 같이 인간이 사용하는 언어를 의미하며 문법이 복잡하고 문맥에 따라 다른 의미를 지니는 등 기계가 이해하기에는 다소 복잡하다. 즉, 이런 자연어를 기계가 처리하고 이해하는 것은 매우 어려운 과제이지만 오늘날 자연어 처리는 비약적 발전을 이루어 각종 검색엔진, 번역 시스템, 챗봇 등에 널리 사용되고 있다.

#### 2.4.1.1. 자연어 처리의 단계

〈그림 2-35〉 자연어 처리 단계

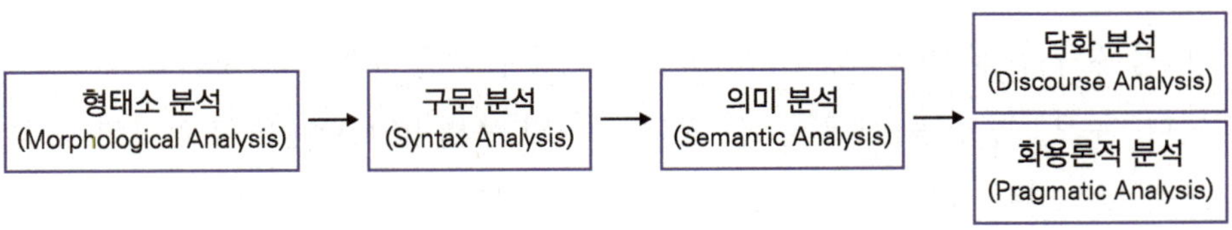


컴퓨터는 여러 단계에 거쳐 텍스트나 음성을 이해하고 처리한다. 먼저, 형태소 분석(Morphological Analysis)단계에서는 텍스트를 형태소로 나눈다. 형태소는 의미를 가지는 가장 작은 단위를 말하는 것으로, "보았다"라는 단어를 예로 들면, "먹다(동사)"와 "았다(과거형)"로 나눌 수 있다. 이 단계에서 텍스트에 대한 토큰화(Tokenization)와 품사 태깅(Part-of-Speech Tagging)이 이루어진다. 토큰화는 텍스트를 단어 단위와 같이 정해진 단위로 나누는 작업을 뜻한다. 예로, "나는 영화를 보았다"

를 "나는", "영화를", "보았다"로 나누는 것이 토큰화이다. 품사 태깅은 단어들이 문장에서 어떤 역할을 하는지 태그하는 과정으로, 앞서 토큰화한 문장을 예로 든다면, "나는(명사)", "영화를(명사)", "보았다(동사)"와 같이 각 단어의 품사를 식별하는 과정이다. 품사 태깅 과정 또한 어느 수준으로 품사를 나눌 것인지에 따라 결과는 달라질 수 있다. 예로, "나는(명사)"으로 구분할 수도 "나(명사)", "는(조사)"로 구분할 수도 있다.

〈그림 2-36〉 형태소 분석

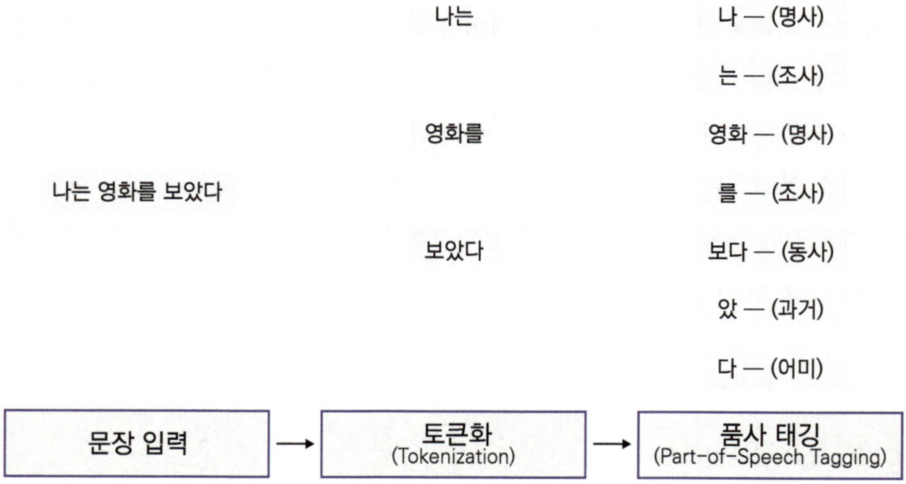


다음은 구문 분석(Syntactic Analysis)이다. 구문 분석은 문장의 구조를 분석하는 과정이다. 주오, 동사, 목적어 등 각 단어 사이의 문법적인 관계를 파악하여 문장의 구조를 분석하는 것이다. 이 과정에서는 주로 구문 트리(Parse Tree)가 형성될 수 있다. 문장의 문법적 구조를 트리 형태로 나타내는 것으로, "나는(주어)", "영화를(목적어)", "보았다(동사)"와 같은 구조로 표현할 수 있다.

의미 분석(Semantic Analysis)는 문장이나 단어가 가지는 의미를 이해하는 과정이다. 단순히 단어들의 나열이 아니라 문맥 속에서 단어가 가지는 의미를 파악하는 것이 중요한데, 이 단계에서는 단어들이 가지는 중의적 의미를 해결하는 것이 큰 과제가 된다.

〈그림 2-37〉 구문 트리

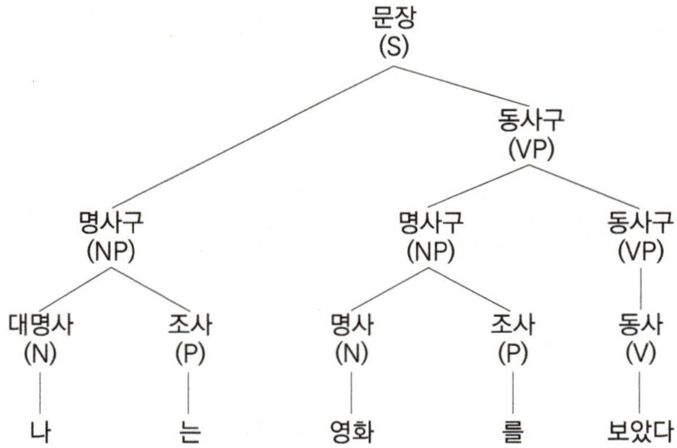


마지막으로 담화 분석(Discourse Analysis)과 화용론적 분석(Pragmatic Analysis)가 있다. 문맥이나 상황을 고려하여 텍스트를 분석하는 단계이다. 자연어로 이루어진 대화는 말하는 사람의 의도나 상황, 문맥에 따라 같은 문장이라도 다른 의미를 가질 수 있다. 따라서, 이런 문맥을 이해하고 해석하는 것은 자연어를 분석하는 핵심이다.

〈그림 2-38〉 담론 분석

**민수가 도자기를 떨어뜨렸다. 그는 울고 말았다.**

**민수가 경기에서 우승을 했다. 그는 울고 말았다.**

### 2.4.1.2. 챗봇(Chatbot)과 ChatGPT

우리 주변에서 쉽게 볼 수 있는 자연어 처리 기술을 활용한 사례 중 하나는 바로 챗봇(Chatbot)이다. 챗봇은 자연어 처리를 기반으로 인간과의 대화를 모방하는 시스템이다. 기존의 챗봇은 규칙 기반 챗봇(Rule-based Chatbot)으로, 미리 정의된 스크립트를 따르는 형태였다. 즉, 주어진 질문에 대한 답변이 미리 정해둔 혹은 프로그래밍해둔 규칙에 의해 결정되었다. 구현이 비교적 쉽다는 장점은 있으나, 미리 정해둔 질문이나 대화의 흐름이 아니면 충분한 대화 능력을 기대할 수 없다는 단점이 있다. 이러한 단점은 앞서 살펴보았던 '빅데이터' 환경에도 적절하지 않다.

〈그림 2-39〉 규칙 기반 챗봇

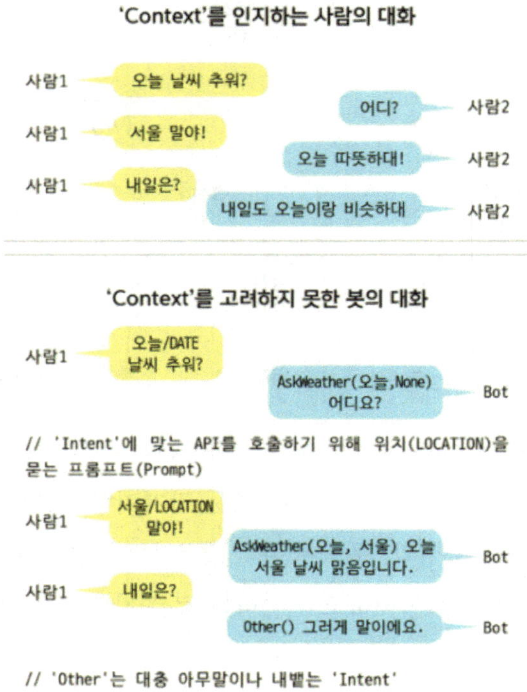


하지만 최근에 들어서는 이렇게 기존에 존재했던 규칙 기반 챗봇의 성능을 훌쩍 뛰어넘는 AI 기반의 챗봇이 등장하게 된다. 일반적인 챗봇과 구분되는 특징은 규칙에 기반하여 대답을 내놓는 것이 아닌, 거대 언어 모델(Large Language Model, LLM)을 기반으로 하여 문맥의 파악과 함께 답변을 생성한다는 특성이다. 거대 언어 모델은 위에서 언급되었던 트랜스포머 구조를 바탕으로 설계된 모델로, 언어의 이해, 분석, 생성 등 자연어 처리에 특화된 모델이다. 이러한 자연어 처리 모델 기반의 서비스들은 챗봇의 일종이기도 하지만, 기존에 존재했던 챗봇들과 매우 큰 차이를 보이기 때문에 통상 대화형 AI 또는 생성형 AI의 한 종류로 지칭되기도 한다. 대표적인 거대 언어 모델로는 OpenAI의 GPT와 구글의 BERT 등이 있는데, 최근 몇 년간 그 이용자가 기하급수적으로 늘어난 ChatGPT의 경우는 GPT 모델을 기반으로 사용자와 자연스러운 대화를 나누는 대화형 AI라고 볼 수 있다.

이러한 대화형 AI는 자연어 처리 능력을 기반으로 주어진 대량의 텍스트 데이터를 학습하여 기본적인 언어의 패턴을 학습한 후에, 주어진 사용자의 질문을 분석하고, 그에 맞는 답변을 생성한다. 즉, 이러한 모델들은 일반적인 챗봇처럼 규칙을 미리 정해둘 필요가 없으며, 주어진 데이터를 통해 그 규칙들을 학습하기에 미리 정해진 질문이 아니더라도 문맥이 자연스러운 답변을 생성해낼 수 있는 능력이 있는 것이다.

〈그림 2-40〉 ChatGPT와의 대화

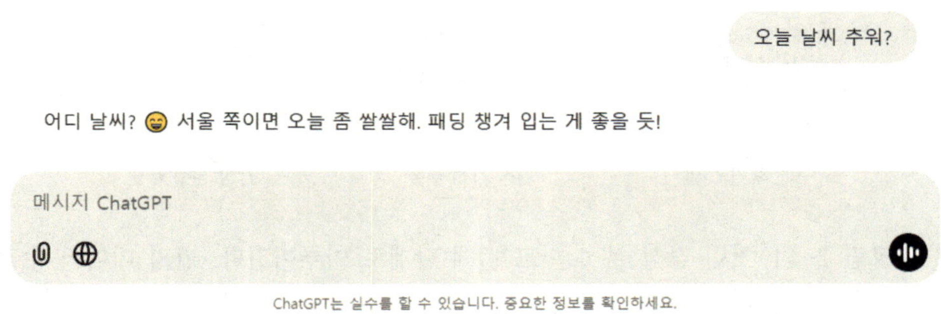


〈그림 2-40〉에서 볼 수 있듯, ChatGPT는 기존의 일반적인 챗봇과는 다르게 마치 사람과 대화하고 있는 것처럼 자연스러운 문맥의 답변을 제공한다. 물론, 항상 이런 어투의 답변을 제공하는 것은 아니다. 위 그림에서는 잘려있지만, '친구처럼 답변해줘'라는 요청이 하나 있었다. 이처럼 원하는 형태의 답변을 제공할 수 있으며, 최근에는 정확한 정보 제공을 위해 외부 사이트에의 검색 또한 실시하고 있어 자연스러우면서도 비교적 정확한 정보를 제공하고 있다. 이처럼 미리 정해진 규칙에 따라 특정 키워드를 입력해야만 제대로 답변을 얻을 수 있었던 챗봇과는 달리, 이러한 LLM 기반의 대화형 AI는 높은 자연어 처리 성능으로 인간과의 자연스러운 대화를 가능케 하였다.

#### 2.4.1.3. 감성 분석(Sentiment Analysis)

감성 분석(Sentiment Analysis)은 자연어 처리 기술이 활용된 주요 분석방법이다. 감성 분석은 텍스트가 내포하는 감정을 분석하는 기술로, 주로 특정 텍스트가 긍정적인지 부정적인지 중립적인지를 나타내는 극성(Polarity)을 식별한다. 이러한 감성 분석은 단순히 특정 키워드나 문구의 빈도를 지표로 하여 텍스트의 감정을 평가할 수도 있지만, 기계 학습을 기반으로 하여 문장의 문맥을 이해함으로써 감성 분석의 정확성을 높일 수 있다.

〈그림 2-41〉 감성분석

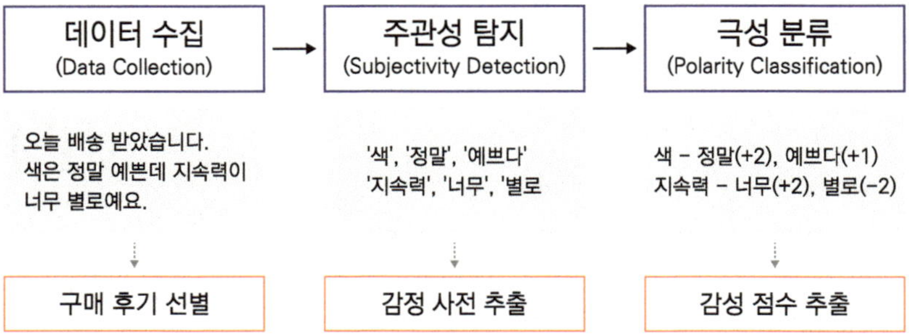


〈그림 2-41〉처럼 감성 분석은 크게 세 단계로 이루어진다. 먼저 데이터 수집(Data Collection) 단계는 감성 분석을 위해 그 대상을 수집하는 단계이다. 인스타그램이나 X 등과 같은 소셜 미디어를 통해 간접적으로 데이터를 수집할 수도 있고, 설문조사를 통해 직접적으로 텍스트를 수집할 수도 있을 것이다. 주관성 탐지(Subjectivity Detection) 단계는 감정 사전(Sentiment Lexion)을 활용하여 수집된 텍스트 중에서 주관적인 표현과 객관적인 표현을 구분하는 단계이다. 감정 사전은 통상 미리 선정되지만, 유연하지 못하다는 한계가 있어 학습이 동반되는 경우도 있다. 다음으로, 구분된 주관적인 표현들의 극성 분류(Polarity Classification)이다. 주어진 문장을 긍 정, 부정, 중립으로 분류하는 과정으로, 주어진 그림은 감성 사전을 활용하여 감성 점수를 계산하는 방법을 설명하고 있다. 이러한 감성 분석은 대중의 의견을 한눈에 파악할 필요가 있을 때 효과적으로 활용될 수 있다. 예를 들어, 새로운 제품을 출시한 후에 소비자의 반응이 긍정적인지 부정적인지를 분석을 통하여 제품에 대한 피드백을 얻고, 제품을 개량하거나 마케팅 전략을 조정할 수 있는 것이다. 이러한 마케팅 분야를 포함하여 감성 분석은 고객 지원에 대한 고객의 만족도, 주식 시장의 분위기, 영화 / 컨텐츠 리뷰 등 다양한 분야에 활용되고 있다.

감성 분석의 경우 간단하게 ChatGPT를 통해서도 분석 결과를 알아볼 수 있다. ChatGPT에게 특정 작업을 지시할 때는 명확한 작업의 내용을 전달해 주는 것이 좋다. 앞선 날씨를 묻는 대화에서도 언급했듯, '친구와 대화하듯'이라는 특정한 형태의 답변을 원한다면 명확히 이를 명시하고 간단한 예시를 제시해 주는 것이 좋다. 지금은, ChatGPT에 감정분석을 요청할 것이다. 그저 감정분석을 해달라는 요청을 한다면 긍정, 부정, 중립의 결과만 제시할 가능성이 높으니, 감성 점수 계산의 과정 또한 함께 보여달라는 지시 이후 감정분석을 해보자. 다음은 어떤 영화의 리뷰 중 하나로, 내용은 "한창 재밌어질 무렵에 뚝 끝나서 얼떨떨하면서도 아쉬웠습니다. 160분인데 120분정도로 느껴져서 긴 상영시간에도 지루하지 않게 볼만했습니다."이다. 내용 자체는 '긴 시간이 다소 짧게 느껴질 정도로 좋았으나, 갑자기 끝나서 아쉬웠다.'라는 내용으로 보이며, '긍정' 쪽으로 기울어져 있는 문장이다. 이 문장에 대한 감성 분석 결과를 살펴보자.

〈그림 2-42〉 감성분석

### 감정 분석

1. **긍정적인 요소:**
   - "재밌어질 무렵": 흥미를 느꼈다는 긍정적 표현 → **+2**
   - "긴 상영시간에도 지루하지 않게 볼만했습니다": 긴 시간을 즐길 수 있었다는 긍정적 평가 → **+3**
2. **부정적인 요소:**
   - "뚝 끝나서 얼떨떨하면서도 아쉬웠습니다": 갑작스러운 마무리에 대한 부정적 감정 → **-2**
   - "아쉬웠습니다": 명확한 부정적 평가 → **-1**

---

### 점수 계산

- **긍정 점수:** +2 ("재밌어질 무렵") + +3 ("지루하지 않게 볼만했습니다") = **+5**
- **부정 점수:** -2 ("뚝 끝나서 얼떨떨하면서도 아쉬웠습니다") + -1 ("아쉬웠습니다") = **-3**

---

### 최종 감정 점수

- **총 점수: +5 (긍정) + -3 (부정) = +2 (약간 긍정적)**

감성 분석의 결과는 우리가 생각했던 것처럼 '약간 긍정적'이었다. 점수에 대한 기준이나 주관적 단어를 분류한 기준이 되는 감성 사전 등 세부적인 과정이 궁금하다면 ChatGPT에 질문하는 것으로 해결할 수 있을 것이다. 따로 요청이 없었다면 작업을 지시할 때마다 다른 방법으로 감성 분석을 진행할 수 있기 때문이다. 감성 사전을 활용한 점수화가 아닌 다른 기계학습 방법을 통한 감성 분석이 이루어질 수도 있다. 다양한 방법으로 같은 문장에 대한 분석을 요청해 보고 비교해 보는 것도 좀더 객관적으로 감성을 분석하는 방법일 수 있다.

### 2.4.1.4. 자연어 처리의 도전 과제

〈그림 2-43〉 자연어 처리 기술의 과제

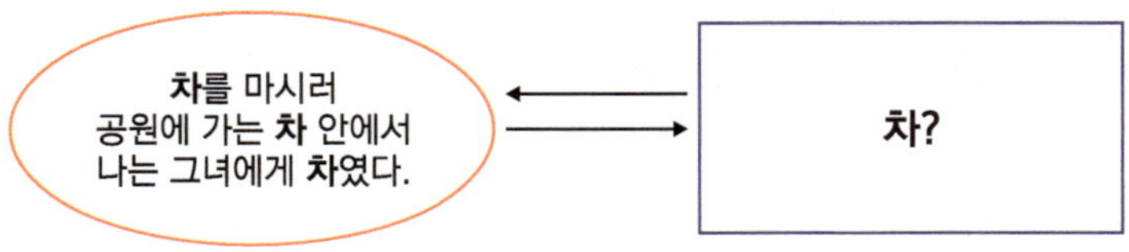


자연어 처리 기술은 컴퓨터 시스템이 인간과 자연스러운 상호작용을 할 수 있도록 돕는 역할을 한다. 과거와 비교하면 현재의 자연어 처리 기술은 놀라운 발전을 이루었지만, 여전히 많은 도전 과제는 남아 있다. ① 다의어와 동음이의어의 처리는 가끔은 인간에게도 어렵게 느껴지는 과제 중 하나이다. 같은 단어나 문장이 상황에 따라 다른 의미를 지닌다면, 문맥을 정확히 이해하지 않고서는 구분하기가 어려울 것이다. ② 언어의 다양성은 지구에 존재하는 수천 개의 언어를 의미하기도 하지만, 하나의 언어 내에 존재하는 특정 지역의 방언이나 억양의 차이를 의미하기도 한다. 언어 모델이 하나의 언어를 완벽하게 이해하는 것도 도전적인 과제인데, 여러 언어를 동시에 이해하는 것은 더욱 어려운 일이다. 마지막으로, ③ 의미 이해의 한계이다. 인간조차 이해하지 못하는 문학 작품의 한 구절을 기계가 완벽하게 이해할 수 있을까? 은유적인 표현이나 숨겨진 뜻이 있는 암시적 대화와 같은 것들을 이해할 수 있는 언어 모델을 만드는 것은 어려운 도전이 될 것이다.

## 2.4.2. 컴퓨터 비전(Computer Vision)

컴퓨터 비전은 컴퓨터가 이미지나 비디오에서 추출한 정보를 분석하고 해석할 수 있도록 만드는 기술이다. 이 기술은 인간이 시각적으로 받아들인 정보를 인지하고 판단하는 것과 같이 컴퓨터가 카메라나 센서를 통해 수집한 데이터를 분석하여 의미 있는 정보를 도출하는 것을 목표로 한다. 이 기술은 주로 자율주행차량, 의료 영상 분석, 감시 시스템 등 자동화된 의사결정이 필요한 곳에서 중요한 역할을 한다.

### 2.4.2.1. 컴퓨터 비전의 주요 기술

컴퓨터가 시각적 데이터로부터 의미 있는 정보를 추출하기 위해서는 다양한 기술적 요소가 필요하다. 가장 기본적인 기술로는 특징 추출(Feature Extraction)이 있다. 이는 이미지에서 가장자리, 경계선, 패턴이나 구조의 변화 등 특징을 찾아내는 기술이다. 특징 추출은 이미지가 담고 있는 객체를 탐지하고 분류하기 위한 기초 작업이라 할 수 있다.

〈그림 2-44〉 특징 추출

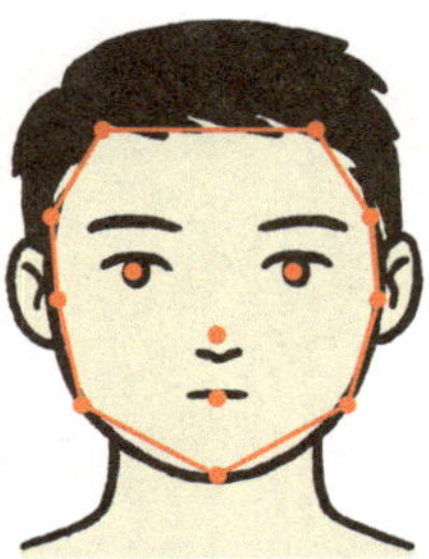

얼굴 이미지에서 추출 가능한 주요 특징

이미지 분류(Image Classification)는 이미지를 사전에 정의된 여러 클래스 중 하나로 분류하는 작업이다. 익히 알려진 개와 고양이의 사진을 분류하는 작업이 이에 해당한다. 이미지 분류에 가장 널리 사용되는 알고리즘은 CNN(Convolutional Neural Network)이다. CNN은 이미지 데이터를 입력으로 받아 특징을 추출하고, 이를 기반으로 해당 이미지가 속하는 곳을 예측하는 딥러닝 알고리즘이다. 세부적인 알고리즘의 구성 요소는 살펴보지 않겠지만, 간략하게 그 과정을 설명하면 주어진 이미지를 작은 패턴으로 나눈 후 이를 스캔하여 특징을 추출하고 이를 분석하여 최종적으로 분류하는 과정으로 이루어져 있다.

간략하게 이미지 분류를 실습해볼 수 있는 여러 어플리케이션이나 웹사이트가 있지만, 그중에서 구글의 Teachable Machine을 통해 이미지 분류를 직접 해보도록 하자. Teachable Machine은 머신러닝 모델을 간단하게 만들 수 있도록 제작된 웹 기반 도구로, 이를 통해 이미지와 오디오에 대한 분류 모델을 복잡한 코딩 과정 없이 직접 만들어 볼 수 있다. 우리는 이 중 이미지 프로젝트를 해보고자 한다. 가장 기본적인 예시로 알려진 개와 고양이 사진을 활용하여 분류 모델을 학습시킨 후, 다양한 동물의 이미지를 제시하여 개와 고양이 중 어떤 동물인지 판단해줄 수 있도록 해보자. 먼저, 프로젝트의 구조를 먼저 살펴보자.

〈그림 2-45〉 Teachable Machine

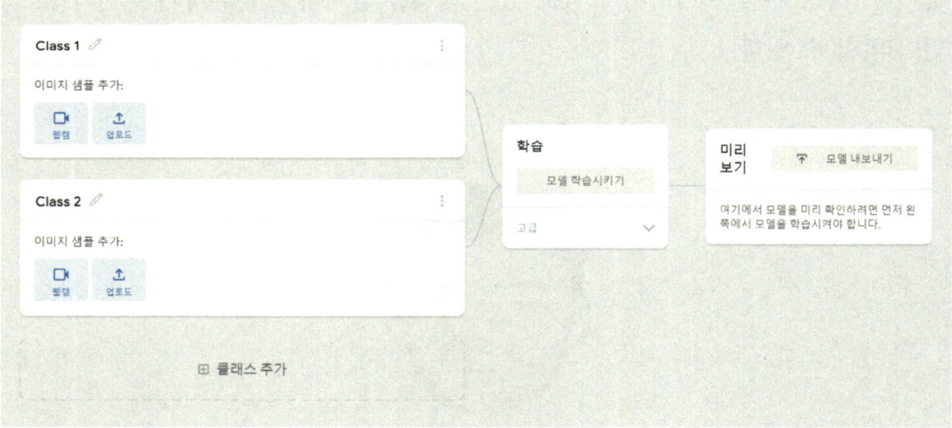


새로운 프로젝트를 시작하면, 위와 같은 화면이 나타난다. 왼쪽의 Class 1과 Class 2는 분류 전 학습을 위해 이미 분류된 데이터를 제공하는 곳이다. 우리는 고양이와 개의 사진을 각각 Class 1과 2에 분류하여 넣어주어야 한다. 이렇게 분류된 데이터를 활용하여 모델은 각 클래스의 특징을 학습하게 되어, 가장 오른쪽에 학습한 적이 없는 새로운 이미지를 입력하였을 때 해당 이미지가 속할 클래스를 예측하게 된다.

〈그림 2-46〉은 개와 고양이의 이미지 샘플을 통해 학습된 모델이 고양이와 늑

대 사진을 분석하여 출력한 결과를 나타낸 것이다. 왼쪽에 학습을 위해 제공된 데이터를 보면, Class 1에는 고양이 사진이 Class 2에는 개의 사진이 포함된 것을 알 수 있다. 즉, 학습된 모델이 첫 번째 그림처럼 Class 1이 100%인 결과를 출력한다면 주어진 그림은 100%의 확률로 고양이라는 분류를 하는 것이다. 반면, 두 번째 그림은 늑대는 고양이나 개는 아니지만, 개와 더 가깝기 때문에 73%의 확률로 개의 이미지라고 분류하고 있다.

〈그림 2-46〉 개와 고양이 사진의 분류

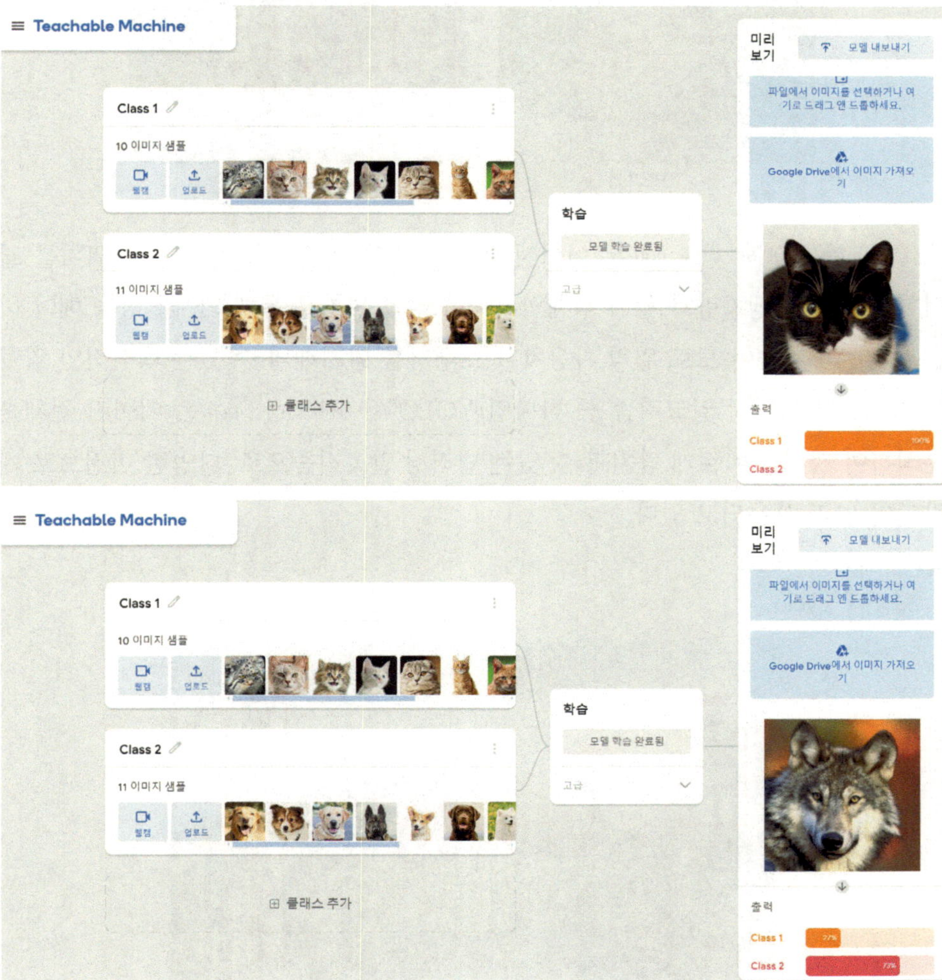

이처럼, 이미지 분류는 주어진 이미지를 특정 클래스로 분류하는 것으로 컴퓨터 비전 분야에서 상당히 중요한 개념이다. 이러한 이미지 분류와 비슷한 듯 아주 다른 것이 바로 객체 탐지이다.

〈그림 2-47〉 이미지 분류와 객체 탐지

객체 탐지(Object Detection)는 이미지 내에서 특정 객체를 찾아내고 그 위치를 결정한다. 자율주행차량과 같이 객체의 카테고리와 위치를 통해 의사결정을 해야 하는 경우, 이 기술이 도로 위의 자동차나 보행자를 탐지해낼 수 있는 핵심적인 역할을 한다. 객체 탐지 알고리즘 중 하나인 YOLO(You Only Look Once)는 이미지 전체를 분석하여 객체를 빠르게 탐지할 수 있는 딥러닝 알고리즘으로, 다양한 버전으로 개량되어 널리 사용되고 있다.

〈그림 2-48〉 yolo

# 3

# 파이썬과 기계 학습

## 3.1. 파이썬 프로그래밍 환경(Colab)

이 챕터에서는 파이썬(Python)이라는 프로그래밍 언어를 통해 간단한 기계 학습 실습을 해보고자 한다. 프로그래밍 언어는 컴퓨터에 명령을 내리기 위해 사람이 사용하는 언어이다. 컴퓨터는 인간이 사용하는 자연어를 이해하지 못하기 때문에, 사람이 작성한 명령어의 집합을 컴파일러(Compiler)나 인터프리터(interpreter)를 통해 기계가 이해할 수 있는 기계어로 변환하는 작업이 필요하다. 이러한 역할을 해주는 것이 바로 프로그래밍 언어이며, 그 대표적인 종류로는 Python, Java, C++ 등이 있다.

그중에서도 파이썬은 다양한 분야에서 활용되고 있는 인기 프로그래밍 언어이다. 특히, 초보자들이 쉽게 이해할 수 있는 언어로 유명하다. 타 프로그래밍 언어와 비교하면 문법이 간결하고 직관적이며 가독성이 높기에, 전문적인 지식이 없어도 몇 가지 구문을 이해하는 것만으로도 간단한 프로그램 작성이 가능하기 때문이다. 또한, 인기가 많다는 것은 그만큼 사용자가 많다는 의미이기도 하다. 즉, 데이터 분석, 인공지능, 웹 개발 등 다양한 분야에서 활용되고 있어 이미 만들어진 다양한 라이브러리와 프레임워크를 가져와 사용할 수 있다.

이러한 파이썬 프로그래밍 실습을 위해서는 우선 프로그래밍을 할 수 있는 환경을 조성하는 것이 중요하다. 파이썬 프로그래밍 환경을 설정할 수 있는 방법은 크게 두 가지로 나눌 수 있다. 파이썬 자체 혹은 아나콘다(Anaconda)와 같은 로컬 환경을 사용하는 방법이 그 하나이다. 개인 PC의 로컬 환경에 직접 설치하여 사용하는 것으로, 오프라인에서도 작업이 가능하며 안정적인 개발 환경을 조성할 수 있다는 장점이 있다. 하지만, 초기 설치 시에 많은 시간이 걸리며 로컬 환경에서 많은 용량을 차지할 수 있는 단점이 있기에 지금과 같은 간단한 실습에는 적절하지 않다.

〈그림 3-1〉 파이썬 IDLE 화면

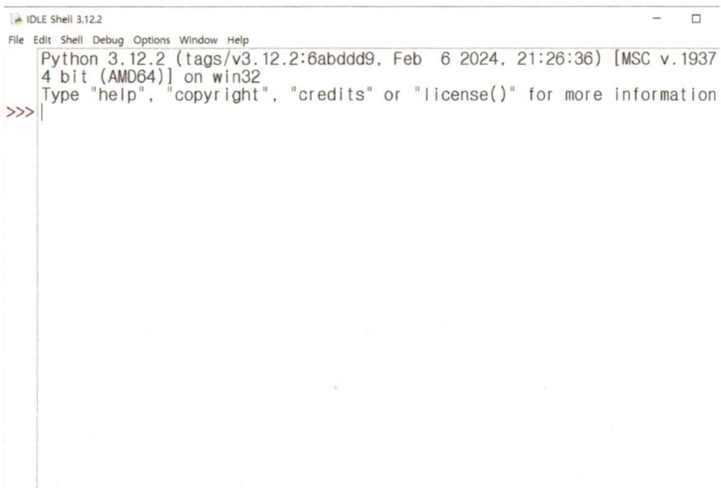


〈그림 3-2〉 아나콘다 Spyder 화면

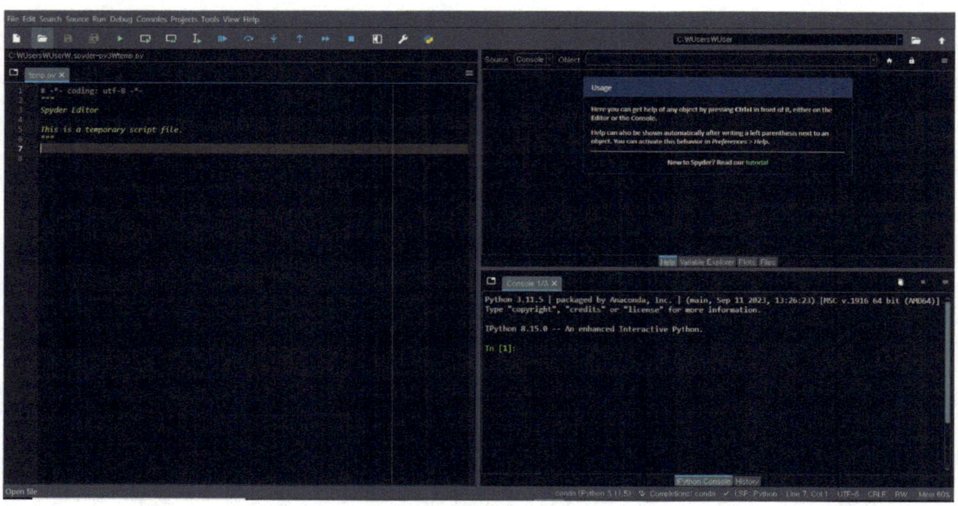

파이썬 프로그래밍 환경의 종류 두 번째는 구글 코랩(Goolge Colab)과 같은 클라우드 환경이다. 이 환경은 클라우드 기반의 환경이기 때문에 로컬 PC에 따로 설치가 필요하지 않고 웹 브라우저에서 바로 파이썬 코드를 작성하고 실행할 수 있다. 로컬 환경에서처럼 안정적인 개발 환경을 조성할 수는 없으나, 인터넷이 연결되어 있다면 어디서나 코딩 작업이 가능하며 웹 드라이브에 작업이 실시간 저장된다는 장점이 있다. 우리는 이 클라우드 기반에서 다음의 간단한 실습을 진행해 보고자 한다.

구글 코랩은 간단한 검색을 통해 접근할 수 있다. 그 과정에서, 로그인은 필수적인 과정이기 때문에 계정이 없다면 계정을 만든 후에 접속할 것을 권장한다.

〈그림 3-3〉 구글 코랩의 첫 화면

구글 코랩에서의 각 작업은 하나의 노트북 형태로 진행된다. 즉, 새로운 프로젝트를 시작하려면 왼쪽 위의 [파일] 탭의 [Drive의 새 노트북]을 선택한다.

〈그림 3-4〉 구글 코랩의 새로운 노트

새로운 노트를 열면, 〈그림 3-4〉와 같은 화면을 볼 수 있다. 이 노트북 환경은 여러개의 셀로 이루어진다. 사용자는 코드 셀을 추가할 수도, 텍스트 셀을 추가할 수도 있다. 코드 셀은 프로그래밍 언어를 입력할 수 있는 셀이며, 텍스트 셀은 우리가 이해할 수 있는 한국어, 영어와 같은 언어를 입력할 수 있는 셀이다. 이 텍스트 셀은 코드 셀에 있는 내용이나 전체 프로젝트의 진행 등을 입력할 수 있다. 코드 셀의 왼쪽 끝에 있는 재생 표시는 해당 셀에 적인 코드를 실행시킬 수 있는 버튼이다. 이러한 노트북 환경은 프로젝트의 진행과 각 셀의 내용 등을 설명할 수 있는 텍스트 셀이 존재한다는 것과 각 코드 셀을 따로 구분하여 실행시킬 수 있다는 장점이 있다.

## 3.2. 실습을 위한 파이썬 기초

### 3.2.1. 변수의 선언, 할당과 참조

파이썬 프로그래밍에서 변수의 선언은 어떤 데이터를 저장하기 위한 공간을 마련하고 그 공간에 이름을 부여하는 것을 의미하며, 그 이름이 바로 변수이다. 이러한 변수에 값을 할당하는 것은 마련된 공간에 자료를 집어넣는 것이며, 변수를 참조하는 것은 그 공간에 저장된 값을 가져와서 사용하는 것이다. 〈그림 3-5〉를 통해 볼 수 있듯이, 변수의 선언과 할당, 참조는 이름표가 붙어 있는 상자에 값을 집어넣고 필요할 때마다 꺼내서 사용하는 과정으로 보면 그 이해가 쉽다.

〈그림 3-5〉 변수의 선언, 할당과 참조

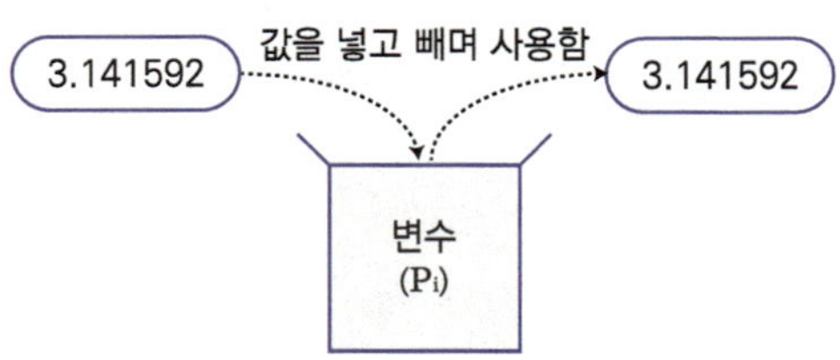


〈그림 3-6〉을 보면, 세 줄의 문장이 적혀있는 셀을 볼 수 있다. 첫 줄에서는 "number"라는 변수를 선언함과 동시에 숫자 5를 할당하고 있는 것을 볼 수 있다.

두 번째 줄에서는 새로운 변수인 "new_number"를 선언함과 동시에 "number" 라는 변수에 할당된 값에 숫자 5를 더한 값을 할당한다는 의미이다. 즉, "number" 라는 변수에 들어있는 값인 숫자 5를 참조하는 것이다. 결국, 변수 "new_number" 에 할당된 값은 숫자 5에 5를 더한 10이 될 것이다.

〈그림 3-6〉 변수의 선언, 할당과 참조

```
number = 5
new_number = number + 5

print(new_number)
```

```
10
```

### 3.2.2. 함수

〈그림 3-7〉 함수

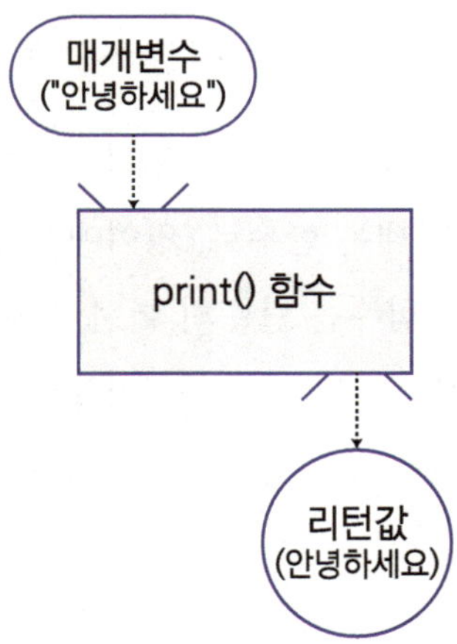


함수(Function)는 입력을 받아 특정 작업을 수행하고, 필요한 경우에 결과를 반환하는 명령어의 집합이라고 할 수 있다. 이러한 함수를 사용할 때는 기본적으로 함수의 이름과 필요한 매개변수 그리고 반환 값을 알아야 한다. 함수의 이름은 말 그대로 함수를 식별할 수 있는 이름이다. 매개변수는 함수를 실행할 때 값이 입력되어야 하는 변수들을 말하며, 반환 값은 함수 실행의 결과를 말한다. 위에서도 등장한 적이 있는 print() 함수를 예로 들어보자. print() 함수는 그 이름에서도 짐작할 수 있듯이, 무언가를 출력해주는 함수이다. 〈그림 3-7〉을 보면, print 뒤의 괄호 안에 출력에 대상이 들어가면 그 대상에 할당된 값이 출력되는 개념이다. 즉, print() 라는 이름을 가진 함수의 매개변수에 문자열 "안녕하세요"가 입력되어 반환값으로 문자열 "안녕하세요"가 그대로 출력되는 것이다.

이러한 함수는 주로 "이름()"의 형태로 이루어져 있다. 괄호 안에 들어가는 매개변수 값은 하나일 수도, 여러 개일 수도, 혹은 정해지지 않을 수도 있다. 이는 각 함수에 따라 다르기에 각 함수가 필요로 하는 것이 무엇인지 사전에 알아야 할 필요가 있다. print() 함수를 예로 들면, print() 함수의 괄호 안에는 하나의 출력 대상만이 들어갈 수 있는 것이 아니다. 여러 개의 값을 출력할 필요가 있으면 쉼표로 구분하여 여러 개의 대상을 넣을 수 있다.

〈그림 3-8〉 print() 함수

```
print("안녕하세요.", "오늘은", "9월 23일", "입니다.")
```

```
안녕하세요. 오늘은 9월 23일 입니다.
```

기본적인 함수의 예시로 len() 함수를 더 살펴보고자 한다. len() 함수는 괄호 안에 들어간 대상의 길이를 나타내는 함수로, 영어에서 길이를 뜻하는 "length"에서 따온 것으로 보인다. 이 len() 함수는 단순히 어떤 문자열의 길이를 나타낼 수도 있지만, 더 많이 사용되는 경우는 '리스트'라는 자료형의 길이를 나타낼 때이다. 리스트는 자료를 저장하는 형태로 볼 수 있으며, 이름에서 알 수 있듯 '목록' 혹은 '나열'의 형태로 제시된다.

〈그림 3-9〉 리스트

```
# 리스트의 형태
a = [1, 2, "안녕", "Hello"]

print(a)
```

```
[1, 2, '안녕', 'Hello']
```

리스트는 〈그림 3-9〉에서 보이듯 대괄호([])를 열고, 닫아 만들 수 있다. 리스트

안의 각 값을 '요소'라고 하며, 각 요소는 쉼표로 구분되고 숫자 혹은 문자열 등 여러 형태의 값들이 들어갈 수 있다. 이 리스트에 len() 함수가 적용되면 그 길이, 즉 요소의 개수인 4를 반환 값으로 내놓을 것이다.

〈그림 3-10〉 len() 함수

```
a = [1, 2, "안녕", "Hello"]
len(a)
```

```
4
```

### 3.2.3. 라이브러리

라이브러리는 특정 작업을 수행하기 위해 미리 작성된 코드의 모음으로, 자주 사용되는 기능이나 알고리즘을 하나의 패키지로 모아둔 것이다. 프로그램을 개발할 때, 직접 코드를 작성할 필요 없이 누군가 작성해둔 기능들을 불러와서 사용하기만 하면 되는 것이기에 효율적이고 편리한 작업이 가능하다. 이러한 라이브러리는 기본적으로 제공되는 표준 라이브러리와 외부 라이브러리로 나뉜다. 표준 라이브러리는 파이썬을 설치할 때에 기본적으로 제공되는 라이브러리로 수학 관련 함수를 제공하는 math, 날짜와 시간 계산에 효과적인 datetime 등이 있다.

라이브러리를 불러오는 방법에는 "import" 키워드를 활용하는 방법이 있다. 영어에서 import는 수입하다, 불러오다 등의 의미가 있다는 것을 알고 있다면 키워드를 외우는 데에 어려움은 없을 것이다.

〈그림 3-11〉 math 라이브러리와 import

```
[10] import math
     print(math.sqrt(25))
```

```
5.0
```

import 키워드 뒤에 불러오고자 하는 라이브러리 이름을 적어준다. 그림 4-9에서는 math라는 라이브러리를 불러오고 있다. math 라이브러리는 수학과 관련된 여러 계산을 함수로 가지고 있는 라이브러리이다. math.sqrt()의 의미는 math라는 라이브러리의 sqrt()라는 함수를 사용하겠다는 것이다. sqrt() 함수는 제곱근(square root) 값을 반환값으로 가지는 함수로, 25의 제곱근인 5을 결과로 내는 것을 볼 수 있다. 라이브러리를 불러오는 또 다른 방법으로 from~import 키워드를 사용할 수도 있다.

〈그림 3-12〉 datetime 라이브러리와 import

```
from datetime import datetime

print(datetime.now())
```

```
2024-09-22 16:54:42.870250
```

〈그림 3-12〉는 datetime 라이브러리를 불러오는 모습이다. datetime 라이브러리는 날짜와 시간을 가지고 계산하거나 표시하는 함수와 클래스들을 가지고 있다. from과 import 키워드를 같이 쓰면, 해당 라이브러리에서 특정 함수 혹은 클래스를 가져오겠다는 의미이다. 위 그림에서는 datetime 라이브러리에서 datetime 클래스만을 불러오겠다는 뜻이며, 아래의 datetime.now() 라인에서는 datetime 클래스 중에 now()라는 함수를 사용하겠다는 뜻이다. now() 함수는 현재 시간을 알려주는 함수이다.

표준 라이브러리 외에도 외부 라이브러리를 사용할 수 있다. 외부 라이브러리는 표준 라이브러리처럼 설치 시에 제공되는 라이브러리가 아닌 다른 개발자들이 만들어 공개한 라이브러리를 말한다. 즉, 외부 라이브러리를 사용하기 위해서는 표준 라이브러리와는 다르게 라이브러리를 추가로 설치해주는 과정이 필요하다. 하지만, 지금처럼 클라우드 환경에서의 개발에는 이러한 과정이 거의 필요하지 않다. 대표적인 외부 라이브러리 중 우리가 다루어볼 라이브러리는 Scikit-learn 라이브러리이다.

### 3.2.3. Scikit-learn 라이브러리와 SVM

Scikit-learn 라이브러리는 파이썬에서 사용되는 대표적인 머신러닝 라이브러리이다. 이 라이브러리는 기계 학습 모델의 학습에 활용할 수 있는 간단한 데이터셋과 알고리즘들을 제공한다. 그중에서 우리는 iris 데이터셋과 svm 클래스를 활용하여 간단을 실습을 해보고자 한다.

iris 데이터셋은 아이리스 꽃 세 가지 종류(Setosa, Versicolor, Virginica)로 구분하여 각 종류의 꽃받침 길이와 너비, 꽃잎의 길이와 너비 데이터를 모아둔 데이터셋이다.

〈그림 3-13〉 iris 데이터셋

```
from sklearn import datasets

flower = datasets.load_iris()
print(flower.DESCR)
```

```
.. _iris_dataset:

Iris plants dataset
--------------------

**Data Set Characteristics:**

    :Number of Instances: 150 (50 in each of three classes)
    :Number of Attributes: 4 numeric, predictive attributes and the class
    :Attribute Information:
        - sepal length in cm
        - sepal width in cm
        - petal length in cm
        - petal width in cm
        - class:
                - Iris-Setosa
                - Iris-Versicolour
                - Iris-Virginica
```

〈그림 3-13〉의 첫째줄에서 sklearn 라이브러리의 datasets 클래스를 불러오고 있다. Scikit-learn 라이브러리를 코드상에서 불러올 때는 sklearn이라는 이름을 사용한다. 그 중에서 datasets 클래스에는 우리가 사용할 iris 데이터셋이 포함되어 있으며, 두 번째 줄에 datesets.load_iris()가 그 부분이다. flower라는 변수에 iris 데이터셋을 할당되었고, 바로 아래의 flower.DESCR에서 iris 데이터셋의 개략적인 내용을 설명하고 있다. 아래의 설명을 보면, iris 데이터셋은 세 가지 종

류의 꽃의 데이터가 각 종류별 50개씩 총 150개로 이루어져 있다. 그 정보는 꽃받침의 길이, 너비, 꽃잎의 길이, 너비 네 가지이며 각 정보는 세 개의 클래스(Setosa, Versicolor, Virginica)로 구분되어 있다. 실질적으로 어떤 모습으로 데이터가 저장되어 있는지 살펴보자.

〈그림 3-14〉 iris 데이터셋의 data 파트

```
print(flower.data[:5])

[[5.1 3.5 1.4 0.2]
 [4.9 3.  1.4 0.2]
 [4.7 3.2 1.3 0.2]
 [4.6 3.1 1.5 0.2]
 [5.  3.6 1.4 0.2]]
```

iris 데이터셋은 크게 두 가지 부분으로 구성되어 있다. 꽃받침과 꽃잎의 길이, 너비가 저장되어 있는 data 부분과 각 데이터가 어느 클래스에 속해 있는지를 나타내는 target 부분이다. 그림 4-12를 보면, data 부분은 숫자 네 개로 이루어져 있는 것을 알 수 있다. 이는 꽃받침과 꽃잎의 길이와 너비가 들어있는 부분이기 때문이며, 그림은 위에서 5개까지의 자료만을 보여주고 있지만 그림의 5개를 포함하여 총 150개의 데이터를 가지고 있다.

〈그림 3-15〉 iris 데이터셋의 target 파트

```
[14] print(flower.target)

[0 0 0 0 0 0 0 0 0 0 0 0 0 0 0 0 0 0 0 0 0 0 0 0 0 0 0 0 0 0 0 0 0 0 0 0 0
 0 0 0 0 0 0 0 0 0 0 0 0 0 1 1 1 1 1 1 1 1 1 1 1 1 1 1 1 1 1 1 1 1 1 1 1 1
 1 1 1 1 1 1 1 1 1 1 1 1 1 1 1 1 1 1 1 1 1 1 1 1 1 2 2 2 2 2 2 2 2 2 2 2 2
 2 2 2 2 2 2 2 2 2 2 2 2 2 2 2 2 2 2 2 2 2 2 2 2 2 2 2 2 2 2 2 2 2 2 2 2 2
 2 2]
```

target 파트는 150개의 데이터가 어느 종류에 속하는지를 나타낸다. 그림 4-13을 보면, target 파트는 0, 1, 2의 세 가지 숫자 150개로 이루어져 있다. 각 숫자는 아이리스 꽃의 세 가지 종류를 나타내며, 각 순서에 대항하는 데이터가 어느 종류에 속하는지를 나타낸다. 즉, 첫 번째 데이터는 Setosa에 속하며 마지막 데이터는

Virginica에 속한다는 의미이다. 그럼 이 데이터셋을 가지고 SVM(서포트 벡터 머신) 모델을 학습시킨 후, 학습된 모델에게 새로운 데이터를 준 후 세 가지 꽃의 종류 중 어느 종류인지 분류할 수 있도록 해보자.

〈그림 3-16〉 SVM 모델로 예측하기

```
[10] # sklearn 라이브러리에서 svm 가져오기
     from sklearn import svm

     # support_vm 이라는 변수를 만들어서 SVM 모델 집어넣기
     support_vm = svm.SVC(gamma=0.1, C=10)
     # iris 데이터셋으로 SVM 모델 학습시키기
     support_vm.fit(flower.data, flower.target)

     # 새로운 꽃 데이터
     new_flower = [[5, 3, 1.2, 0.3]]

     # 새로운 꽃 데이터가 세 가지 종류 중 어느 것인지 예측하기
     pred = support_vm.predict(new_flower)
     print("새로운 데이터의 종류는: ", pred)

     새로운 데이터의 종류는:  [0]
```

우선 svm 알고리즘을 가져오기 위해, sklearn 라이브러리에서 svm 클래스를 가져온다. svm 클래스를 통해 svm 모델을 만들어 support_vm 변수에 할당하는데, 이 때 gamma와 C 값은 svm 모델을 얼마나 복잡하게 만들 것이가를 나타내는 변수이다. C 값은 오차에 대한 허용도를 의미하여 C 값이 클수록, 모든 학습데이터에 맞는 모델이 생성된다. gamma 값은 각 데이터 포인트가 모델에 미치는 영향을 조절하는 것으로 마찬가지로 gamma 값이 클수록 학습데이터에 잘 맞는 모델이 생성된다. 즉, C와 gamma 값이 클수록 학습된 데이터에 잘 맞는 모델이 만들어질 수 있지만 지도학습 파트에서 볼 수 있듯이 과적합의 문제가 나타날 수 있기 때문에 적합한 값으로 설정해야 한다. 이번 실습에서는 적당한 값을 설정한다.

세 번째 줄은 svm 모델을 학습시키는 부분이다. 앞서 불러왔던 flower 데이터의 data 파트와 target 파트를 활용하여 svm 모델인 support_vm을 학습시켜 새로운 데이터가 주어졌을 때 어떤 종류일지 예측할 수 있도록 하는 것이다. 다음 줄은 새로운 데이터를 만드는 문장으로, new_flower 라는 이름의 변수를 만들고 그

값으로 데이터셋의 첫 번째 값과 아주 유사한 값을 만들어서 할당한다.

다음은, 학습된 svm 모델이 새로운 데이터가 어떤 종류(클래스)에 속하는지를 예측하는 문장이다. 마지막 문장에서 결과를 출력하고 있는데, 그 결과가 0이다. 즉, 우리가 유사한 값으로 만든 첫 번째 데이터가 속한 클래스인 0을 예측하였으므로, 예측 결과가 맞는 것을 알 수 있다.

이 실습을 통해 아주 간단하게 파이썬을 활용하여 기계 학습을 구현해 보았다. 실질적으로 우리가 자주 접하는 고도의 인공지능 모델을 구현해 보는 데에는 여러 제한사항이 있지만, 간단한 실습을 통해 기계 학습이 어떤 흐름으로 이루어지는지 볼 수 있는 기회가 될 수 있다.

## 3.3 Tensorflow Playground

이 챕터에서는 파이썬을 통한 신경망 프로그래밍에 일반적으로 사용되는 라이브러리인 tensorflow와 관련된 Tensorflow Playground를 통해 신경망의 작동 방식을 이해해보고자 한다. Tensorflow Playground는 딥러닝에 활용되는 신경망의 작동 방식을 직관적으로 이해할 수 있도록 도와주는 웹 기반의 시뮬레이션 도구이다. 복잡한 코드 없이 각 구성 요소의 역할을 시각적으로 체험할 수 있는 도구로, 딥러닝 프로그래밍을 위한 tensorfow 전에 그 흐름을 먼저 이해하는 데에 적합하다. Tensorflow Playground의 첫 화면은 〈그림 3-17〉과 같다.

〈그림 3-17〉 화면에 등장하는 각 용어를 살펴보자. 가장 왼쪽의 Data는 사용자가 신경망을 학습시킬 데이터셋을 선택하고, 각 데이터를 어떤 비율로 훈련 데이터와 테스트 데이터로 선정할지 결정할 수 있다. 즉, 모든 데이터는 두 가지 클래스로 분류된 데이터인데 어떤 형태로 분류되어 있는 데이터로 학습을 시킬 것인지 선택하고, 그 중에 몇 %의 데이터를 모델 학습에 사용할지, 이렇게 학습한 모델을 테스트 하는데 몇 %의 데이터를 사용할 것인지를 결정하는 구간이다.

Features는 입력 특징을 선택하는 공간으로, 가장 위의 X1과 X2는 우리가 통상 알고 있는 X, Y 좌표를 나타낸다. 즉, X, Y 좌표를 통해 파악한 해당 데이터의 위치만으로 데이터를 분류하겠다는 것을 의미한다. 아래의 선택지들도 마찬가지로

〈그림 3-17〉 Tensorflow Playground

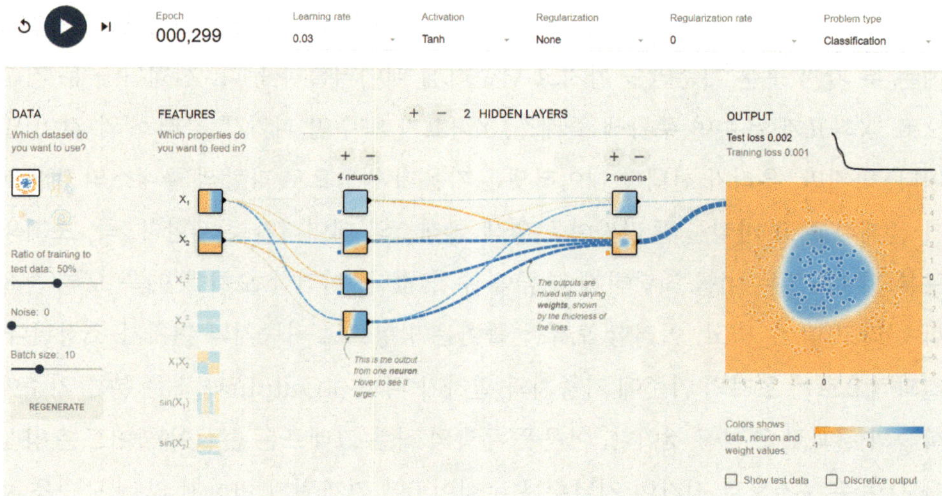


해당 수식이 의미하는 것을 학습에 사용하는 것을 의미하며, 많은 선택지가 활성화 될수록 모델이 데이터의 복잡한 패턴을 학습할 가능성이 높다.

중앙에 여러 갈래의 선으로 나타난 것이 바로 신경망의 구조이다. 은닉층(Hidden Layers)은 이 신경망을 몇 겹의 뉴런층으로 만들 것인지와 각 층을 구성할 뉴런 수를 선택하는 것으로, 은닉층이 많을수록 모델이 복잡한 패턴을 학습할 수 있지만 모델이 학습 데이터를 과하게 학습하여 일반적인 데이터의 입력에 대처할 수 없는 과적합(overfitting)의 위험이 증가한다. 활성화 함수(Activation Function)은 뉴런이 데이터를 처리하는 방식을 정의하는 것으로, 기본 설정인 Tanh의 경우 뉴런에 입력된 값을 -1에서 1 사이로 변환하여 처리한다.

가중치(Weight)와 편향(Biases)은 사실 신경망의 가장 핵심적인 구성 요소로, 결국 딥러닝 모델의 학습 결과를 나타내는 값이다. 학습 과정에서 이 두 값이 조정되면서 모델이 데이터를 학습하고 예측할 수 있는 능력을 가지게 된다. 가중치는 뉴런에 입력되는 데이터가 출력에 얼마나 영향을 미치는지를 나타낸다. 이 가중치는 학습 초기에는 무작위로 설정되나, 학습 과정 중 테스트 데이터에 대한 예측 오류(손실 함수)를 줄이는 방향으로 가중치를 점진적으로 조정한다. 편향은 해당 뉴런에 입력된 값이 0이라도 출력을 조정할 수 있도록 해주는 값으로, 뉴런의 활성화 함수를 특정 방향으로 평행 이동시키는 역할을 한다. 가중치와 마찬가지로 학습 과정

중 점진적으로 조정된다.

즉, 〈그림 3-17〉을 바탕으로 신경망의 학습 과정을 간략하게 설명해보면, 초기에는 두 가지 구분 기준만을 가지고 단순하게 데이터를 나눈다. 선택된 구분 기준으로 'X좌표가 음수면 주황색 클래스, X좌표가 양수면 파랑색 클래스'와 같이 말이다. 하지만, 우리가 선택한 데이터셋은 가운데 원형으로 파랑색 클래스의 데이터가 존재하고 그 바깥을 둘러싸며 주황색 클래스의 데이터가 존재한다. 즉, 초기의 구분 기준으로는 이를 적당하게 분류할 수가 없다. 이러한 오차를 예측 오류(손실함수)라고 할 수 있고, 이러한 오류를 줄이는 방향으로 가중치와 편차가 조정된다. 결과적으로는 초기의 기준에 가중치와 편차가 더해져 Output과 같은 분류 기준이 학습의 결과로 주어진 것이다. 아웃풋 우측의 작은 그래프는 손실이 줄어드는 양상을 보여주는 것으로 시간이 지날수록 손실이 0에 가까워져 변하지 않는 모습을 보이는 것으로, 학습이 안정적으로 끝났다는 것을 알 수 있다.

이 웹 사이트에서 데이터의 구조, 학습에 사용할 특징, 숨겨진 층의 개수 및 뉴런의 개수 등 여러 가지 구성 요소를 변화시키며 신경망이 어떻게 학습하는지를 본다면 딥러닝의 프로그래밍에 대한 이해에 도움이 될 것으로 보인다. 아래처럼 더 복잡한 형태의 데이터에 대해 학습을 시켜보는 것도 좋은 예시가 될 것이다.

〈그림 3-18〉 Tensorflow Playground

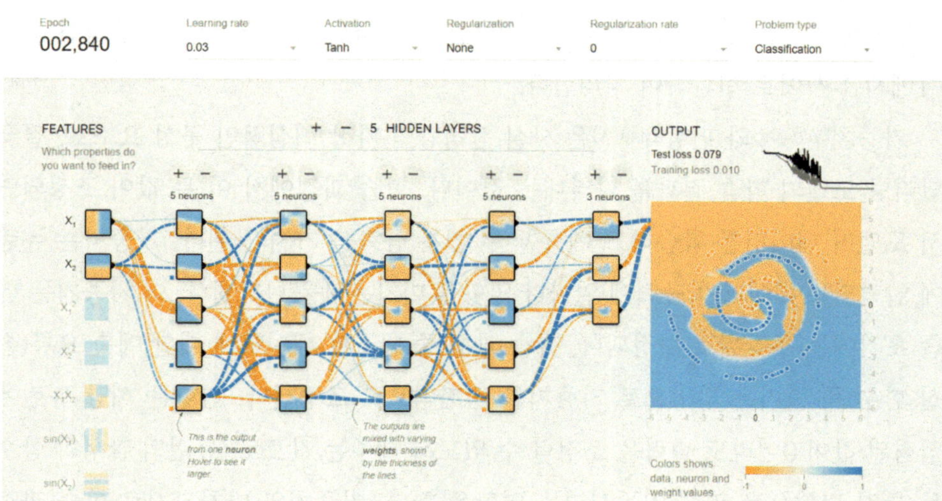

# 4

# 인공지능의 응용 분야

## 4.1. 민간분야 인공지능 기술활용

### 4.1.1. 스마트팩토리(Smart Factory)

제조현장에서 디지털전환은 빅데이터, AI, IoT와 같은 최신 기술을 적극적으로 활용하여 제조기업의 고도화를 이끄는 스마트팩토리(Smart Factory)가 핵심이라고 할 수 있다[1]. 스마트팩토리는 새로운 다품종 및 소규모 맞춤형 생산 모드를 지원할 것이다. 이를 위해 인공지능(AI)은 컴퓨팅, 통신, 제어 등 제조와 정보통신 기술의 융합을 가속화하고 부가가치 제조를 가능하게 한다. 맞춤형 스마트팩토리의 특징은 자기 인식, 운영 최적화, 동적 재구성 및 지능형 의사결정이다. AI 기술은 제조시스템이 환경을 인식하고 외부 요구에 적응하며 지능형 생산, 네트워크 협업 및 확장된 서비스 모델 등을 포함한다.

스마트팩토리는 4차 산업혁명, 즉 Industry 4.0에서 유래한 개념으로, 주로 독일 정부가 2017년에 처음으로 도입하고 추진한 국내 공장에서의 제조업 성장 전략을 기반으로 한 혁신적인 제조 기술을 지칭한다. 제품의 설계, 생산, 유통, 판매 등의 모든 단계에서 디지털 솔루션 대신 사물인터넷과 가상 물리시스템을 적극적으로 활용하여 생산성, 품질, 그리고 고객 만족을 향상시키는 지능화되고 유연성이 높은 생산 공장과 이에 적용되는 모든 기술을 스마트팩토리의 의미로 정의할 수 있다.

1 대규모 배치 생산의 전통적인 생산 패러다임은 개별 고객의 요구사항을 만족시키는 유연성을 제공하지 않는다

〈그림 4-1〉 산업혁명과 스마트팩토리

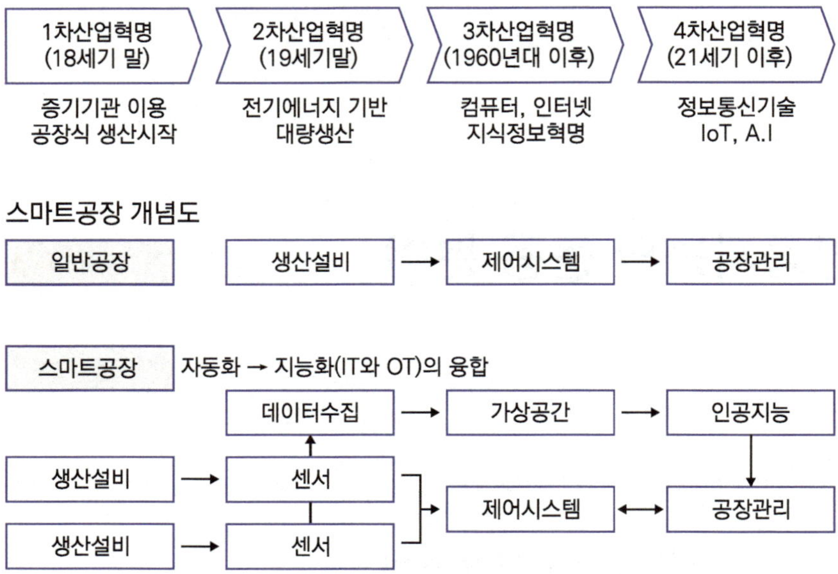


#### 4.1.1.1. 디지털 트윈 (Digital Twin)

인공지능은 인프라, 제품 또는 서비스를 가상화하는 데 도움이 되며, 이 중에서 디지털 트윈 디지털 트윈[2]은 제조장치의 가상표현 프로세스를 나타낸다. 센서와 카메라와 같은 데이터 수집 도구를 사용하여 제조 환경의 물리적 표현을 완전히 가상화 한다[3]. 예를 들어, 제조 공장의 디지털 트윈은 공장 내 모든 기계와 장치의 가상 모델로, 센서를 통해 실제 기계의 동작 상태를 실시간으로 수집하고 디지털 모델에 반영하여 생산 라인의 효율성을 최적화하거나 장비의 유지보수 시기를 예측하는 등 다양하게 응용된다.

디지털 트윈을 제조 부문에서 활용하는 주요 이점은 가상의 쌍둥이 모델을 기반으로 한 시뮬레이션이다. 대규모 설비와 높은 비용이 필요한 산업에서는 디지털 시

2 디지털 트윈에 관한 공통된 정의는 없으나, 에 관한 공통된 정의는 없으나, 제조업 관점에서는 디지털 트윈을 "물리세계의 제조 자원(Machine, Material 등)을 가상공간에 모사하고, 실시간 연결하여 가상공간에서 제품의 설계, 생산, 유지보수 등에 요구되는 다양한 시뮬레이션을 수행하여 의사결정을 가능하게 하는 지능화 융합기술"로 이해할 수 있다(박종현 외, 2021)

3 디지털 트윈이 제대로 작동하려면 모든 스마트 구성 요소를 통합하여 장비의 데이터를 수집해야 한다. 클라우드 연결을 통해 스마트 구성 요소에서 생성된 데이터가 클라우드에서 수집, 저장 및 처리되며, 이를 통해 회사에서 활용 가능한 데이터로 구성된다.

〈그림 4-2〉 제조공정 디지털 트윈 모델과 디지털 트위 개념구조

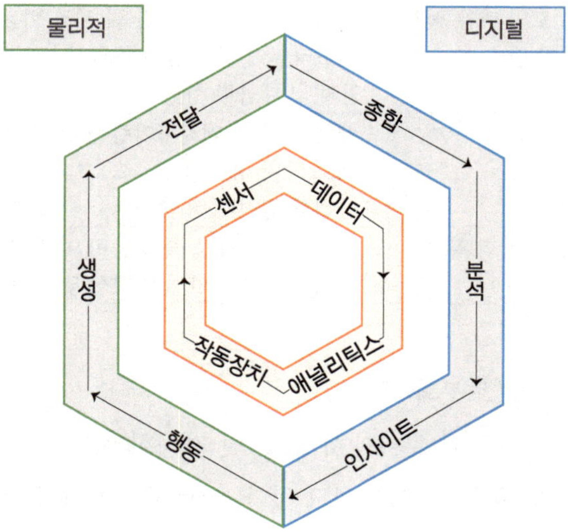


뮬레이션을 통해 정교한 설비 구축이 가능하며, 예측과 사전 테스트를 통해 잠재적 실패와 비용을 최소화할 수 있다. 제조 부문에서는 디지털 트윈이 품질관리, 신제품 개발 및 출시, 운영과 판매에 주로 활용되며, 기업들은 이를 통해 품질향상, 품질 보증 비용 절감, 기록 보존, 직렬화를 통한 품질관리 체계화, 사후 서비스 개선 등 다양한 이점을 기대하고 있다. 또한, 디지털 트윈을 활용하면 신제품 도입 비용과 리드타임을 줄이고, 제품 업그레이드를 비교적 용이하게 할 수 있어 매출 성장 기회를 확보할 수 있다고 기대하고 있다.

〈표 4-3〉 디지털 트윈의 주요 활용 부분 및 기대 효과

| 활용분야 | 주요 기대 효과 | 주요 내용 |
|---|---|---|
| 품질관리 | · 품질 향상 | - 전반적 품질 향상<br>- 품질 경향 예측, 결함 발견 소요 시간 단축<br>- 품질 기준 이탈 통제, 품질 문제의 원인 규명 가능 |
| | · 품질 보증 비용 절감<br>· 하부 서비스 개선 | - 현장 장비 활용 방식에 대한 이해를 기반으로 효율적 서비스 제공<br>- 보증 및 불만 관련 문제에 대한 사전 파악 역량 강화<br>- 전반적인 품질보증 비용 절감 및 고객 경험 개선 |
| | · 기록 보존, 직렬화를 통한 품질관리 체계화 | - 리콜 및 품질 보증 체계 구축을 위해 직렬화 (serialization) 된 부품 및 원재료의 디지털 기록 활용<br>- 불만 관리 역량 향상 및 추적 관리 의무화 요건 충족 |

| 활용분야 | 주요 기대 효과 | 주요 내용 |
|---|---|---|
| 신제품 개발 및 출시 | · 신제품 도입 비용 절감<br>· 리드타임 단축 | - 신제품 출시 소요 기간 및 제조 비용 감축<br>- 리드타임이 긴 부품과 공급사슬 영향에 대한 인지 및 대응력 향상 |
| 운영 및 판매 | · 운영비용 절감 | - 제품 설계 및 엔지니어링 변경 실행 개선<br>- 제조 장비 성능 개선<br>- 공정 운영 변동성 축소 |
| | · 매출 성장 기회 확보 | - 업그레이드 제품 출시 준비 여부 파악 용이<br>- 서비스 제품의 효율성 향상 및 비용 절감 |

#### 4.1.1.2. 자동화 및 로봇화

인공지능 기술은 제조업 분야에서 로봇 및 자동화 시스템을 통해 생산 프로세스를 제어하고 최적화하는 데 활용되고 있다. 이로써 생산 효율성이 향상되고 고도의 정밀성과 안전성이 제공되어 생산 비용 절감과 제품 품질 향상에 기여한다. 이는 제조업체가 경쟁력을 확보하고 확대하는 데 중요한 역할을 한다. 예를 들어 자동차 제조업체에서는 자동화된 로봇 및 시스템을 활용하여 생산 프로세스를 자동화하고 있다. 이를 통해 자동차 조립 공정에서 부품을 정확하게 조립하고 운반할 수 있어 생산 속도가 증가하고 오류율이 감소하며 일정한 품질을 유지할 수 있다. 또한, 자율 주행 로봇은 원재료와 부품을 제조설비로 운송하거나 분류하는 작업을 자동으로 수행한다. 이는 생산자원을 최적으로 활용하고 생산 프로세스를 효과적으로 자동화하는 데 기여한다.

또한, 미세 조정과 정밀 제어를 통해 인공지능은 제조 공정의 품질을 향상시키는 역할을 한다. CNC(Computer Numerical Control)와 같은 자동화 기술은 프로그램에 따라 자동으로 작동하며, AI는 CNC 시스템을 스마트하게 만들어 최적화된 생산 프로세스와 품질 관리를 가능하게 한다. AI-CNC 통합은 생산업체에 높은 생산성과 효율성을 제공하여 제조 분야의 경쟁력을 향상시키고 있다.

#### 4.1.1.3. 품질관리와 불량예측

인공지능은 제조업에서 품질 향상을 위한 핵심 역할을 수행하며, 이미지 및 비디오 분석을 통해 제품 표면 결함을 감지하고 센서 데이터를 활용하여 불량을 사전에 예측한다. 이는 불량률을 낮추고 고객 만족도를 높이며, 제조업체의 경쟁력을 강화하는 데 기여한다. 반도체 제조에서는 AI 시스템이 이미지를 분석하여 칩의 결함을 정확하게 탐지하고 불량을 제거하여 품질을 일관되게 유지한다. 또한, 자동차 제조에서는 엔진 및 부품의 센서 데이터를 분석하여 기계의 상태를 실시간으로 추적하고 고장을 사전에 예측하여 유지보수를 최적화하며, 생산 중단을 방지한다. 제조 공정에서의 변수를 모니터링하고 통계 분석 및 데이터 마이닝을 활용하여 품질 문제를 조기에 해결하고 지속적인 품질 개선을 추진할 뿐만 아니라, 식품 제조에서는 카메라와 이미지 분석을 활용하여 제품 결함을 자동으로 감지하고 불량 제품을 분류하여 제거함으로써 생산 효율성을 높인다.

#### 4.1.1.4. 예측 유지보수와 고장 예방

〈그림 4-3〉 스마트 예방정비를 위한 AI 기술 활용

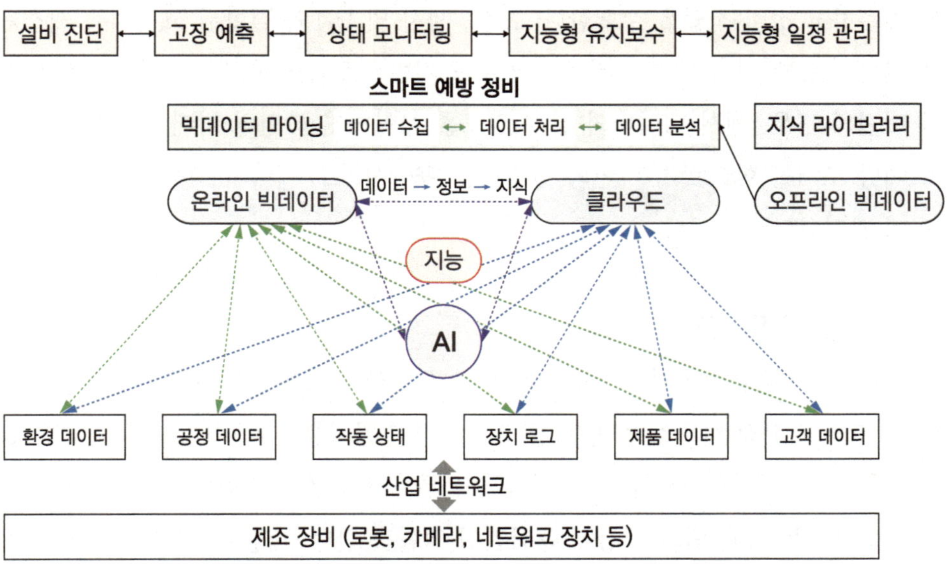


예측 유지보수와 고장 예방을 위한 인공지능의 적용은 제조업 분야에서 생산 라인의 신뢰성을 높이고 생산 중단을 방지하는데 중요한 역할을 한다. 또한 불필요한 유지보수 및 비용을 절감하고 설비의 수명을 연장하며, 생산 효율성을 극대화한다. 특히, 능동 예방 유지보수 시스템을 위한 새로운 시스템 아키텍처가 제안되었으며, 이를 기반으로 클라우드 컴퓨팅과 에지 컴퓨팅을 딥러닝과 효과적으로 통합하여 〈

그림 4-3〉와 같은 개선된 예방 유지보수 메커니즘을 개발하고 있다[4].

센서 데이터를 활용한 고장 예측은 공장 내의 다양한 센서를 활용하여 기계 및 설비의 상태를 실시간으로 모니터링한다. 이를 통해 진동, 온도, 압력, 전류, 진동 등 다양한 데이터를 수집하고, 이 데이터를 분석하여 기계의 상태를 추적하고 고장을 사전에 예측하는 것이 가능해진다. 예를 들어, 열압축기의 경우, 센서 데이터를 기반으로 고장을 예측하고 정비 작업을 예약함으로써 생산 중단을 방지할 수 있다. 또한, 자동화된 예측 유지보수 일정을 생성하는 데에도 인공지능이 효과적으로 활용된다. 예를 들어, 항공기 엔진의 작동 및 성능 데이터를 기반으로 인공지능은 다음 유지보수 시점을 예측하고 해당 일정을 최적화하여 기술자 또는 정비팀에게 효율적인 계획을 제공하고, 이는 유지보수 일정의 최적화와 함께 기계의 신뢰성을 유지하는 데 기여한다. 자동차 제조업체에서는 자동차의 센서와 진동 데이터를 활용하여 엔진 및 기타 시스템의 상태를 모니터링하고, 이를 통해 고장을 사전에 예측하고 정비 작업을 수행한다. 또한, 센서 및 IoT와 결합된 고장예측 시스템은 설비의 상태 및 성능 데이터를 클라우드 기반으로 수집하고 분석한다. 특히, 풍력 터빈의 경우, 센서 데이터와 날씨 정보를 결합하여 터빈의 미래 고장을 예측하고 예방 조처를 함으로써 터빈의 신뢰성을 향상시키고 에너지 생산량을 최적화하는 데 기여한다.

### 4.1.2 금융 및 경제

금융 및 경제 분야에서의 인공지능의 활용은 금융 모델링 및 예측, 거래 감시 및 보안, 그리고 고객 서비스 개선을 통해 혁신적인 결과를 이루어내고 있다. 금융 모델링과 예측을 통해 시장 동향을 예측하고 투자 전략을 최적화할 수 있으며, 거래 감시와 보안은 금융 범죄 예방에 핵심적인 역할을 한다. 더불어, 고객 서비스 개선을 통해 금융기관은 고객과 더 밀접한 관계를 구축하고 개별화된 금융 상품을 제공하여 고객 만족도를 향상시키고 있다.

4 클라우드 컴퓨팅은 데이터와 프로그램을 인터넷을 통해 원격 서버에 저장하고 처리하는 기술이고, 에지 컴퓨팅은 이를 가까운 장치나 로컬 서버에서 처리하는 기술이다. 딥러닝은 인공지능의 한 분야로, 컴퓨터가 데이터에서 학습하고 문제를 해결하는 데 사용된다. 이러한 기술들을 조합하여 미리 고장을 예방하고 유지보수를 효과적으로 개선하는 시스템을 만들고 있다. 개선된 시스템은 더 스마트하게 예방 유지보수를 수행할 수 있게 지원한다.

〈그림 4-4〉 금융사 AI 활용영역[5]

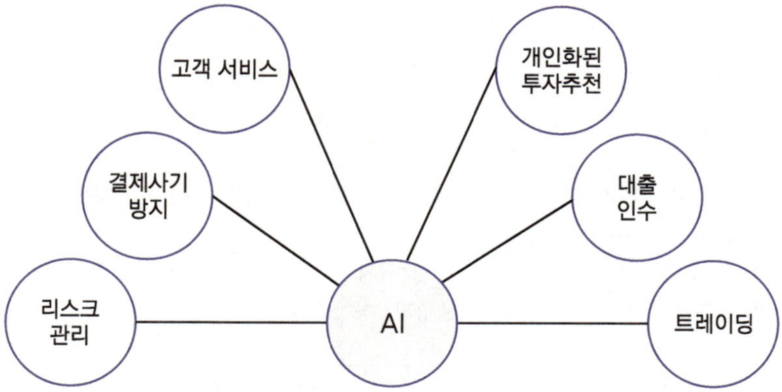


자료: 하나금융연구소

금융산업은 AI의 활용에서 투자 규모와 성장세 면에서 상당한 성과를 거두고 있다. OECD의 보고서에 따르면, 2012년부터 2020년까지 금융 및 보험 서비스업에서 AI 스타트업에 대한 투자액은 약 50억 달러로, 상위 5개 산업군 중에 속하는 높은 비중을 차지하고 있다. 그러나 개별 기업의 AI와 관련된 R&D 투자 비중은 다른 분야에 비해 크지 않은 것으로 나타나며, World Economic Forum의 조사 결과에 따르면 설문에 참여한 기관 중 60%가 전체 R&D 투자액 대비 10% 이하만 AI와 관련된 연구에 할애한다고 응답했다(World Economic Forum, 2020). 국내에서도 이러한 추세가 크게 다르지 않아, 2026년까지는 연평균 38.6% 성장할 것으로 예측되고 있다.

AI에 대한 높은 관심이 있지만, 금융산업의 참여자에 따라 AI 도입에 대한 기대와 목적이 다를 수 있다. 〈표 4-4〉에서는 참여자를 소비자, 생산자, 중개 기관, 그리고 정부로 나누어 AI 활용에 따른 대표적인 기대 효과, 사례, 리스크 요인을 정리하고 있다.

5 https://news.bizwatch.co.kr/article/finance/2023/05/19/0012

〈표 4-4〉 금융시장 참여자별 AI 활용사례 및 리스크 요인

| 참여자 | 대표사례 | 기대효과 | 리스크 요인 | |
|---|---|---|---|---|
| | | | 데이터 | 알고리즘 |
| 소비자 | 포트폴리오 운용 및 주문 자동화 | 수익성 제고 및 신규 수익 창출 | 과거 데이터에 대한 편향성 | 복잡성으로 인한 해석의 어려움 |
| 생산자 | 자연어 처리를 활용한 고객 응대 자동화 | 소비자 경험 개선, 운용, 비용 절감 등 | 자료의 선택편향 | 자의적 해석의 가능성 |
| 중개기관 | 빅데이터를 활용한 이상 거래탐지 | 준법 감시 및 규제 대응, 신용평가 방식개선 | 학습데이터의 불투명성 | 해석이 어려운 패턴 예측 |
| 정부 | 자연어 처리를 활용한 불완전 거래 등 금융사기 감지 | 시장감시 기능의 효율성 및 적시성 제고 | 전처리 과정에서의 정보손실 | 과소 추정 또는 거짓 양성 |

① 소비자

금융 소비자 관점에서 AI는 자산 수익률 예측과 포트폴리오 재구성을 자동화하여 새로운 기회를 제공한다. 퀀트 전략[6]을 발전시켜 데이터와 알고리즘을 활용하여 자산운용의 효율성을 높이는 방향으로 적용되고 있다. 그러나 이러한 혁신은 동시에 리스크를 수반한다. 수익성 예측 모형은 과거 데이터에 의존하므로 새로운 상황에 대한 대응이 어렵다. 또한, 복잡한 알고리즘은 이해하기 어려운 결과를 생성할 수 있어 의사결정과 책임소재에 불확실성을 초래할 수 있다.

② 생산자

금융 서비스 제공업체로서 AI는 고객에게 특화된 상품이나 서비스를 제공하는데 도움이 되며, 특히 최근에는 로보어드바이저를 통한 투자에 대한 성향 파악이 증가하고 있다. 이를 통해 AI는 효율적으로 고객의 선호하는 포트폴리오를 구성할 수 있는 기회를 제공한다.

6 퀀트 전략은 양적인 데이터와 수학적인 모델을 사용하여 투자 결정을 하는 전략을 말한다. 여기서 "퀀트"는 양적(quantitative) 데이터를 의미하며, 이는 주가, 거래량, 재무 지표 등과 같은 숫자로 표현되는 경제 및 금융 데이터를 포함한다.

③ 중개 기관

금융 중개 기관은 AI를 활용하여 대량의 거래를 실시간으로 감시하고 특이점을 즉시 탐지하는 기술적인 지원을 받을 수 있다. 특히, 레그테크(RegTech)로 알려진 AI 기반 이상 거래탐지 모델은 복잡한 규제에 대응하는 혁신 기술로 사용되어왔으며, 고객 확인, 자금 세탁 방지(Anti-Money Laundering: AML) 등 분야에서 활용이 활발하게 이루어지고 있다.

그러나 AI에 기반한 신기술은 중개 기관의 내부 통제를 강화하는 데 도움이 되지만, 운용상의 불투명성에 대한 우려도 동반될 수 있다. 불투명성은 데이터와 알고리즘 관점에서 나누어진다. 감시 모델의 특성상 비공개 내부 자료를 사용하여 모델을 학습시키면 외부에서의 적합성 검증이 어려워지며, 복잡한 알고리즘은 결과의 해석을 어렵게 하여 AI 기반 판단이 규정상의 검증 절차를 충분히 거친 것인지에 대한 의문을 제기할 수 있다.

④ 정부

AI는 방대한 양의 데이터를 분석하고 내재된 패턴을 학습하여 정부의 시장감시 및 규제 기능을 효율화하는 데 기여할 수 있다. 이를 섭테크(SupTech)라고 하며, 국내 금융감독원 등에서 적극적으로 도입을 검토하고 있다. 섭테크의 대표적인 활용사례로는 자연어 처리 기술을 활용하여 뉴스, SNS 등에서 발생하는 문자 정보를 실시간으로 분석하여 금융사기 가능성을 추정하는 모델이 있다.

그러나 금융규제에서 AI 활용은 두 가지 주요 리스크를 내포하고 있다. 첫째, 학습에 사용되는 문자 기반 정보를 처리하는 과정에서 정보의 손실이 발생할 수 있으며, 단어를 정량화하거나 인코딩하는 방식에 따라 문맥적 정보를 소실할 위험이 있다. 둘째, 모형의 예측 결과가 과소추정되거나 거짓 음성을 양산할 가능성이 있어, 불균형 표본의 문제로 인해 통계적 오류가 발생할 수 있다.

### 4.1.3 유통 및 소매

세계적인 경쟁에서 유통산업의 부가가치 향상을 위해 AI 디바이스 및 소프트웨어, AI 플랫폼, 스마트 유통 서비스, 그리고 AI + 빅데이터 서비스 업체의 개발과 경쟁이 가속화되고 있다. 현재 국내외 유통산업에서는 온라인 및 모바일 매출이 증가하고 있지만 대형마트, 백화점, 전통시장 등에서는 변화가 필요하다. 글로벌 경쟁에서 성공을 위해선 차별화된 스마트 유통 서비스를 제공하는데 인공지능 제품과 서비스 활용은 필수적이다. 이에 따라 유통 및 소매 산업에서는 비즈니스 프로세스 개선, 고객 서비스 향상, 재고 관리 최적화 등 다양한 영역에서 인공지능이 활용되고 있다.

〈그림 4-5〉 AI를 활용한 커머스 산업의 가능성[7]

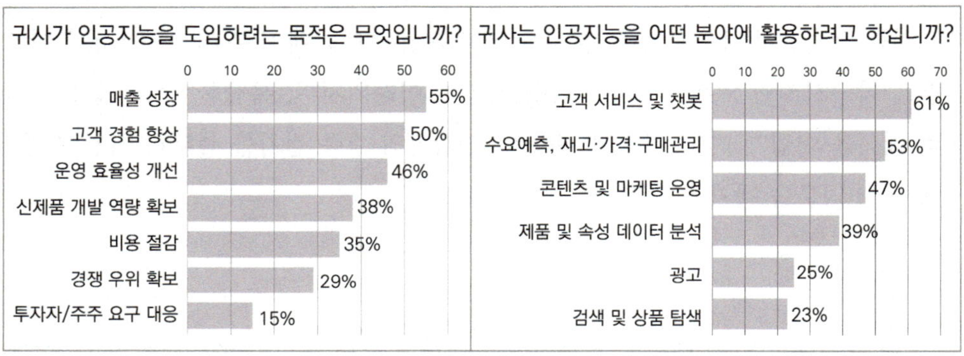


유통 분야에서의 인공지능 적용이 빠르게 성장할 것으로 예상되며, Markets & Markets의 조사에 따르면 2025년까지 유통 분야의 인공지능 시장은 192억 달러로 성장할 것으로 예측되었다. 이는 제조 및 의료분야에 이어 세 번째로 높은 성장률을 보이는 것으로 평가된다. 주요 성장 분야로는 제품 추천, 계획, 공급망 관리, 수요예측이 지목되었으며, IDC는 소매 산업이 금융 부문을 뛰어넘어 가장 많은 투자를 받을 것으로 예상하였다. 또한, McKinsey에 따르면 유통 분야는 다양한 산업 중에서 AI 경제적 영향력이 가장 큰 분야로 평가된다. 유통과 관련된 핵심기술로는 IoT, VR, 빅데이터, 3D 프린팅이 언급되었으며, 미래 유통산업은 초기 유통 서비스에 AI 기술을 적용하고 디바이스, 배송 드론, 로봇, 무인 점포 등의 제조업이 활성화될 전망이다. 유통산업의 고도화를 위해 빅데이터와 인공지능 알고리즘을 활용한 AI 플랫폼 개발이 증가하고 있으며, 스마트컨슈머, 블록체인 서비스 보급, 유통시장의 개방 등으로 글로벌 경쟁이 심화되고 있다.

7 https://scale.com/ai-readiness-report

아마존(Amazon)은 현재 AI 분야에서의 리더십을 강화하기 위해 대규모로 인공지능 인재를 영입하고 있어 산업 전반에서 주목을 받고 있다. 매월 20억 이상의 방문자를 대상으로 하는 아마존은 이제 인공지능을 중심으로 한 e-Commerce 기업으로의 발전을 준비하고 있다. 이를 위해 아마존은 다양한 방면에서 AI 기술을 적극적으로 도입하여 판매촉진 및 시장 지배를 위한 전략을 구사하고 있다.

첫째로, 아마존은 개인화된 서비스를 제공하기 위해 인공지능 기반의 제품 추천 시스템을 운영하고 있다. 고객이 상품을 검색하거나 구매할 때마다 AI는 해당 고객에게 맞는 맞춤형 추천 목록을 생성하여 구매 결정을 촉진합니다. 이러한 추천은 다양한 요소를 고려하여 초개 인화된 경험을 제공하며, 넛지(nudge) 효과를 통해 고객의 구매 욕구를 높이고 있다.

〈그림 4-6〉. 아마존 실시간 개인 추천 서비스

둘째로, 음성 기술을 활용한 알렉사(Alexa)를 통한 보이스 쇼핑이 큰 주목을 받고 있다. 알렉사는 음성 명령만으로 제품을 찾고 구매할 수 있게 해주어 고객에게 더욱 편리한 쇼핑 경험을 제공한다. 또한, 알렉사는 구매 알림이나 쇼핑 관련 추천도 제공하여 고객과의 상호작용을 강화하고 있다.

셋째로, 아마존은 챗봇을 활용하여 고객과의 실시간 상호작용을 강화하고 맞춤형 서비스를 제공하고 있다. 간단한 질문에 대한 신속한 답변뿐만 아니라 구매 고객 및 잠재 고객의 쇼핑을 도우며, 제품에 대한 정보를 제공하고 관련 웹사이트로 연결하는 등 다양한 기능을 수행한다.

또한, 아마존은 제품 수요예측과 재고 관리에도 AI를 적극적으로 활용하고 있다. 글로벌 시장에서 다양한 상품을 공급하는 아마존은 AI를 활용하여 수요 예측을 높이고 재고를 효율적으로 관리함으로써 고객에게 신속하고 정확한 배송을 제공하고 있다.

마지막으로, 아마존은 물류창고와 배송에 대한 최적화를 위해 AI를 도입하고 있다. 이미지 인식 및 딥러닝 기술을 활용하여 물류창고에서의 작업을 자동화하고 효율적으로 처리함으로써 작업 시간을 단축하고 정확도를 높이고 있다.

이러한 다양한 AI 기술의 도입을 통해 아마존은 고객 경험을 향상시키는 동시에 비즈니스 프로세스를 최적화하여 시장에서의 경쟁력을 강화하고 있다.

### 4.1.4 엔터테인먼트 및 미디어

엔터테인먼트 및 미디어 산업에서의 인공지능의 활용은 더 많은 창의적인 콘텐츠를 만들어내고, 사용자들에게 다양한 방법으로 접근하며, 기업들에게 더 효율적인 운영 방식을 제공하고 있다. 이러한 변화는 엔터테인먼트 및 미디어 분야에서 지속적인 혁신과 성장을 이끌어내고 있다.

인공지능은 스토리텔링 및 콘텐츠 생성 분야에서도 중요한 역할을 하고 있다. 예를 들어, 인공지능은 스토리 작성을 보조하고, 대본을 생성하며, 그래픽 및 비주얼 이펙트를 제작한다. 이를 통해 미디어와 엔터테인먼트 업계에서 더 빠르고 효율적으로 콘텐츠를 생산할 수 있다. 또한, 인공지능은 언어 이해 및 생성 기술을 활용하여 자동화된 뉴스 리포팅 및 스포츠 경기 해설을 수행할 수 있다. 이로써 미디어 기업은 신속한 뉴스 보도 및 콘텐츠 생성을 지원하며, 시청자와 독자에게 다양한 컨텐츠를 제공할 수 있다. 구체적인 사례는 다음과 같다.

2016년에 마이크로소프트가 램브란트 박물관과 네덜란드의 기술자들과 협력하여 개발한 '넥스트 렘브란트(The Next Rembrandt)' 프로젝트는 미술 분야에서 혁신적인 사례 중 하나로 손꼽힌다. 이 프로젝트에서 연구진은 렘브란트의 작품 364점을 3D 기술을 활용하여 세밀하게 스캔하고 데이터화했다. 이후, 딥러닝과 이미지 인식 기술을 적용하여 렘브란트의 특유한 화풍과 예술적 특징을 학습시킴으로써 새로운 작품을 창조하는 데 성공했으며 렘브란트의 예술적 유산을 현대 기술과 결합하여 새로운 차원으로 확장한 것으로 평가받고 있다. 구글은 2016년 3월에 미국 샌프란시스코에서 빈센트 반 고흐의 화풍을 학습한 인공지능인 딥드림을 활용한 작품 전시회를 개최했다. 딥드림은 주로 초현실적인 이미지로 그림을 구성하며, 구글 엔지니어들과 화가들이 딥러닝으로 학습시킨 이미지 합성 알고리즘인 인셉션[8]을 사용하여 제작되었다.

〈그림 4-7〉 인공지능 '딥드림'의 그림(우측그림 최고가 낙찰작품, 8,000달러)

2021년에는 오픈 AI가 텍스트를 입력하면 관련 이미지를 생성하는 '달리(DALL-E)'를 발표했다. 이 시스템은 입력된 내용에 따라 다양한 디자인을 자동으로 생성하는데, 예를 들어 '아보카도 모양의 안락의자'를 입력하면 아보카도를 반으로 자른 의자에 씨 모양의 쿠션을 추가한 디자인을 생성한다.

음악 분야에서의 인공지능 적용은 새로운 차원으로 확장되고 있는 중요한 트렌드 중 하나이다. 음성 및 영상 콘텐츠의 중요성이 증가함에 따라 저작권 문제를 우회하면서도 다양한 배경음악을 손쉽게 활용할 수 있는 음원에 대한 수요가 크게 늘어나고 있다. 이러한 수요에 대응하기 위해 나타난 것이 인공지능을 활용한 음악 창작 시스템이다. 2012년에 영국에서 소개된 쥬크덱(Jukedeck)은 사용자의 취향을 기반으로 음악을 자동으로 생성하는 인공지능 작곡 시스템으로 주목받았고, 구글(Google)은 예술창작 인공지능 개발 사업인 '마젠타(Magenta)' 프로그램을 통해 80초 분량의 피아노곡을 발표했다. 이러한 시스템은 사용자가 원하는 스타일, 분위기 등

8 미술 작가들의 그림을 분석하고 사진을 해당 작가의 그림과 유사한 형태로 변환해주는 이미지 합성 알고리즘

을 고려하여 맞춤형 음악을 제공함으로써 창작의 다양성을 높이고 있다. 쥬크덱은 2019년에 틱톡의 모기업인 바이트댄스에 인수되어 숏폼 콘텐츠의 배경음악으로 활용되고 있다. 이 분야에서는 구글, 소니 등 대형 기업들도 관련 기술 실험을 진행하고 있으며, 네이버는 포자랩스라는 인공지능 작곡 스타트업에 지속적으로 투자하며 음악 창작에 새로운 가능성을 제공하고 있다. 이러한 동향은 음악 산업에서의 창작과 소비의 패러다임을 혁신적으로 변화시키고 있다. 업보트 엔터테인먼트의 '아이즘(AISM)'은 2019년에 선보인 딥러닝 기술을 활용한 인공지능 작곡 프로그램으로, 창작 영역에서 인간과의 협업을 강조하며 창의성과 다양성을 높이고 있는 혁신적인 사례이다. 이 프로그램은 클래식 자장가와 한국, 미국의 전통 동요를 학습하여, 참고 음악(예: 모차르트의 '반짝반짝 작은 별')을 제시하면 이와 유사한 수백 개의 곡을 창작해낸다.

2020년, 미국 채프먼 대학교 학생들이 인공지능 GPT를 활용하여 단편영화 시나리오를 작성하고 영화로 제작한 사례가 있었다. '〈방문 판매원(Solicitors)〉'이라는 단편영화 시나리오를 작성하고 약 3분 길이의 영화를 만들었다. 또한, IBM은 100편의 공포 영화 트레일러를 미리 학습한 인공지능 '왓슨(Watson)'을 활용하여, SF 스릴러 실사영화인 〈모건(Morgan, 2016)〉의 예고편을 생성했다. 영화감독 오스카 샤프와 인공지능 연구자 로스 굿윈은 영화 시나리오를 창작하는 인공지능 '벤저민'을 개발했다. 벤저민은 스탠리 큐브릭의 〈스페이스 오디세이〉, 〈매드 맥스〉, 〈매트릭스〉, 〈스타워즈〉 시리즈 등의 영화 시나리오와 3만 곡 이상의 팝송 가사를 학습데이터로 활용하여 만들어졌는데, 이로써 인공지능이 처음으로 제작한 상업 영화인 〈선스프링〉(2016)이 세상에 나왔다. 벤저민이 생성한 시나리오는 현실적인 감정을 느끼기 어렵지만, 이는 영화제작 분야에서 인공지능이 어떤 역할을 할 수 있는지에 대한 현실적인 가능성을 시사하며 주목받았었다.

인공지능은 이밖에도 다양한 분야에서 콘텐츠 제작에 활용되며, 이를 통해 전체적인 제작 환경의 효율성을 향상시키거나 새로운 제작 방식을 가능하게 한다.

## 4.2. 국방 분야 인공지능 기술활용

4차 산업혁명을 촉발하는 첨단기술의 선점과 자립화가 미래 국방력을 결정짓는 핵심요소로 전망되면서, 세계 각국은 국가 차원의 인공지능 발전전략을 수립하고 국가역량을 집중하여 추진하고 있다. 이로 인해 과거 핵무기 개발 및 보유를 통해 억지력을 확보하려는 패권경쟁과 유사한 형태로서 인공지능 기반의 군사 기술 선점과 전략 · 전술의 개발 경쟁이 심화되는 이른바 '인공지능 군비경쟁(AI Arms Race)'이 미국과 중국을 중심으로 가속화되고 있는 상황이다.

인공지능, 자율무기체계는 막대한 재정 지출을 필요로 하는 전투기, 항공모함, 전차 등 기존 재래식 전력과 다르다. 즉 국가 간 경쟁에서 경제력이 상대적으로 취약하더라도 인공지능, 자율무기체계라는 저비용 군사 기술을 활용해 군사력에서 추월할 수 있다는 것이다.

이번 섹션에서는 세계 주요국들의 국방 분야 인공지능 활용사례를 살펴보고, 인공지능 기술이 어떻게 국가의 안보와 군사 전략에 영향을 미치고 있는지에 대해 자세히 살펴본다.

### 4.2.1. 미국

#### 4.2.1.1. 무인 항공기와 드론을 활용한 정보 수집 및 정찰

미군은 무인 항공기 및 드론을 사용하여 군사 작전과 정보 수집을 향상시키고 있다. 무인기는 저비용으로 적을 효과적으로 수색할 수 있으며, 소형화에 스텔스 기능을 갖추는 방향으로 발전하고 있기 때문에, 전장에서 생존성까지 높일 수 있다.

이러한 무인 항공기와 드론은 고해상도 영상과 센서 데이터를 수집하여 적의 위치와 활동을 실시간으로 파악하고, 인공지능은 이러한 데이터를 분석하여 적의 동선을 예측하고 전략적인 결정을 지원한다.

미국은 드론과 같은 자율무기체계를 활용한 스워밍(Swarming)[9] 전략을 강조하고 있고, 이 전략이 다양한 방식으로 적의 전력을 약화시킬 수 있을 것으로 기대한다.

9 스워밍(Swarming) 전략은 군사 전투 전략 중 하나로, 대규모의 독립적이고 유연한 부대가 적의 방어를 우회하거나 공격하는 전략을 말한다. 이 전략은 일반적으로 작은 부대가 협동하여 네트워크 형태로 행동함으로써 미리 예측하기 어렵게 만들고, 적의 방어 시스템을 압도적으로 공격함으로써 전술적 이점을 얻기 위해 사용된다.

전투기, 함정, 잠수함에서 발사되는 드론은 마치 작은 낙하산 부대처럼 적진에 떨어져 적의 혼란을 유발할 수 있다. 드론이 이동식 미사일 발사대를 찾기 위해 자율 비행하면서, 목표물을 발견하면 인간 통제관에게 좌표를 전달하기도 한다. 자율무기체계는 어디까지 값싼 소모품이기 때문에, 적의 비행장에 무리 형태로 비행하도록 함으로써, 적의 전투기의 이착륙을 방해하거나 격추할 수 있다. 적의 비행장 활주로 파괴에 드론 무리를 동원하는 전술도 가능하다. 상륙 작전 시엔 무인 상륙정 무리를 해안에 먼저 상륙시켜 해안포를 비롯한 적의 상륙 저지 수단을 무력화할 수도 있다.

① MQ-9 리퍼 드론

MQ-9 리퍼는 미군이 국내 및 국제적인 군사 작전에서 활발하게 사용하는 무인 항공기이다. 이 드론은 장거리에서 비행할 수 있으며, 다양한 임무를 수행하는데, 그중 하나가 정보 수집과 정찰이다. MQ-9 리퍼는 고해상도 센서 및 카메라를 장착하여 지상 상황을 모니터링하고, 군사 작전에 필요한 정보를 실시간으로 제공하여 적의 활동을 감시하고 작전 계획에 활용된다[10].

② RQ-4 글로벌 호크 드론

RQ-4 글로벌 호크는 미군 및 정보기관에서 널리 사용되는 고층 및 장거리 정찰용 무인 항공기이다. 이 드론은 고도에서 긴 시간 동안 비행할 수 있으며, 군사 작전에서 정보 수집을 위해 사용된다. 높은 해상도의 영상과 센서를 사용하여 국제 지역의 상황을 모니터링하고 정보를 분석하여 군사 작전의 의사결정 지원에 활용된다[11].

③ RQ-7 섀도 드론

RQ-7 섀도는 작은 조종식 드론으로, 군사 작전에서 미군 및 동맹국에서 활용된다. 이 드론은 짧은 거리에서의 정보 수집과 정찰에 특히 유용하며, 지상 상황을 빠르게 파악하고 작전 임무를 지원한다[12].

10 https://www.yna.co.kr/view/AKR20221027005800071

11 http://www.defensetoday.kr/news/articleView.html?idxno=3337

12 http://www.defensetoday.kr/news/articleView.html?idxno=5561

④ Raven 드론

Raven은 손으로 던져서 발사되는 소형 드론으로, 유용한 정보 수집 도구이다. 이 드론은 미군의 작전 부대에서 소규모 임무에 활발하게 사용되며, 병사들은 필요에 따라 이 드론을 사용하여 지상 상황을 모니터링 하고 적의 위치를 파악할 수 있다[13].

⑤ 스파이더 드론

스파이더 드론은 특수 작전 부대와 정보 수집 작전에 사용되는 소형 드론이다. 이 드론은 병력이 진입하기 어려운 지역에서 정보 수집을 수행하며, 작전 정보 및 지능 수집에 활용된다.

#### 4.2.1.2. 자율주행 로봇 시스템

미국은 자율주행 로봇 시스템을 개발하여 군사 작전을 향상시키고 군인들을 위험에서 보호한다. 이러한 로봇은 지뢰 제거와 폭탄 제거 작업을 수행하며, 인공지능을 사용하여 환경을 스캔하고 위험한 임무를 수행한다. 이로써 군인들은 위험한 임무에서 벗어날 수 있으며, 정밀한 임무 수행이 가능해졌다.

① Squad Multipurpose Equipment Transport (SMET)

SMET는 미군에서 사용되는 자율주행 로봇으로, 부대에서 장비 및 물자를 운반하는 역할을 한다. 이 로봇은 거친 지형에서도 안전하게 작동하며, 병사들이 전투 임무에 집중할 수 있도록 물자 운송을 처리한다[14].

② PackBot

PackBot은 위험한 환경에서 수행되는 임무를 수행하기 위한 자율주행 로봇이다. 이 로봇은 폭발물 제거, 탐색 및 정보 수집을 수행하며, 이를 통해 병사들의 안전을 보장하고 위험한 임무를 대신 수행한다[15].

13 https://www.asiae.co.kr/article/2012072208282278519

14 https://asc.army.mil/web/portfolio-item/small-multipurpose-equipment-transport-s-met/

15 https://www.flirkorea.com/products/packbot/?vertical=ugs&segment=uis

③ TALON

TALON은 다목적 자율주행 로봇 시스템으로, 폭발물 제거와 화학물질 처리를 포함한 다양한 임무를 수행한다. 미군은 TALON을 이용하여 위험 지역에서의 임무를 수행하고 안전을 보장한다[16].

④ MAARS (Modular Advanced Armed Robotic System)

MAARS는 무장한 자율주행 로봇으로, 무선 조종으로 원격으로 조작되며, 위협요소를 탐지하고 제거하기 위해 사용된다. 이 로봇은 각종 군사 작전에서 사용되며, 무장으로 인해 위험한 임무를 수행할 수 있다[17].

#### 4.2.1.3. 사이버 작전

전통적인 사이버 방어 시스템은 이미 알려진 과거의 악성코드에 대한 대처에는 효과적이지만, 악성코드의 일부분만 변경되어도 이를 감지하고 대응하는 데 어려움을 겪는다. 이에 대한 대안으로 AI 기반 도구를 도입하여 네트워크에 대한 새로운 위협을 실시간으로 학습하고 이에 대처하는 방법을 개발하고 있다. 새로운 악성코드를 생성하거나 다양한 형태의 사이버 공격을 시도하는 과정에서 AI는 패턴의 변화를 감지하고 대응 전략을 조기에 구축할 수 있다.

사이버 보안 분야에서는 향상된 기술 및 접근 방식을 도입하여 실시간으로 사이버 공격에 대응하는데 주력하고 있다. 미국 사이버작전사령부(Cyber Command)는 국방부의 디지털 및 AI 사무소와 협력하여 AI 및 기계학습을 활용하여 사이버 방어 체계를 구축하고 있다. 이를 통해 새로운 사이버 위협에 대한 신속하고 효과적인 대응이 가능해지며, 이는 국방 시스템의 안전성을 크게 향상시킬 것으로 예상된다.

또한, 미군은 데이터와 소프트웨어를 통합하는 시스템을 개발하고 있으며, 제로트러스트(Zero Trust) 프로토타입을 도입하여 네트워크 전체에 대한 강력한 인증 및 보안 접근 방식을 구현하고 있다. 이 프로토타입은 모든 데이터 전송에 대한 강제 인증을 통해 악성코드의 여부를 번역하지 않고 판별할 수 있도록 지원하고 있다. 미공군과 해군은 이러한 제로 트러스트 기술을 테스트하고 있어, 향후 더욱 강화된

16 https://nownews.seoul.co.kr/news/newsView.php?id=20100203601004

17 https://www.qinetiq.com/en-us/markets/defence/land/maars-weaponized-robot

사이버 방어 시스템을 기대할 수 있을 것이다.

#### 4.2.1.4. 정보작전

가장 흔한 정보작전 중 하나는 위조된 사진, 오디오, 비디오 등을 활용한 딥페이크 기술을 통한 공격이다. 이를 통해 공격자는 소셜 미디어에 가짜 뉴스나 조작된 영상을 유포하여 상대국 대중들에게 혼란을 일으킬 수 있다. 딥페이크 기술의 발전으로 전문가들조차도 진짜와 가짜를 판별하기 어려워졌으며, 이로써 일반인뿐만 아니라 군 내부에서도 신뢰와 지휘체계에 영향을 미칠 우려가 있다. 이에 대응하기 위해 2021년 DARPA는 자동으로 조작된 사진이나 오디오를 감지하고 조작 여부를 확인하는 프로젝트를 시작했다. 이 프로젝트는 미디어 포렌식(MediFor)이라 불리며, AI 기술을 활용하여 위조 정보를 식별하는 데 활용된다. 이러한 기술은 딥페이크에 대한 대응력을 향상시키고, 미래에 더욱 강력한 정보 조작 공격에 대처하기 위한 발판으로 기대되고 있다.

#### 4.2.1.5. 인공지능을 활용한 군수지원

① ALIS(Autonomic Logistics Information System)

록히드마틴(Lockheed Martin) 사의 자율 군수 정보 시스템인 ALIS는 F-35 항공기의 기체 상태와 정비 작업 정보를 전 세계에 분포된 네트워크를 통해 사용자들과 관련 기술자들에게 전송하는 일종의 정보 인프라이다[18].

ALIS는 〈그림 4-8〉에서 보는 바와 같이 F-35 기체에 장착된 각종 센서로부터 운행 간 발생하는 정보를 실시간으로 수집하여 인공지능 기술을 활용해 분석한 뒤, 정비기술자들이 언제 어떤 부품을 검사하고 교체해야 하는지를 알려준다. ALIS는 훈련, 계획, 정비, 공급망 관리에 이르기까지 F-35와 관련된 전반적인 사항을 하나의 시스템으로 관리할 수 있도록 고안된 통합체계로서 시간과 비용을 절감한다.

18 https://www.lockheedmartin.com/en-us/products/autonomic-logistics-information-system-alis.html

〈그림 4-8〉 F-35 ALIS의 데이터 수집

② ODIN(Operational Data Integrated Network))

위에서 언급된 ALIS 시스템은 노후화된 시스템을 바탕으로 개발되었기 때문에 호환성 문제가 발생하였고, 이에 따라 사용자 친화적인 차기 물류 정보 시스템인 ODIN이 개발되었다. 2021년 9월부터 애리조나 공군기지에서 시험 운영되었는데, 이는 기존 시스템보다 하드웨어가 더 작고, 가벼우며, 저렴한 것으로 알려졌다. 그뿐 아니라 데이터 처리가 업그레이드되어 기존 시스템보다 월등히 정확한 물류 및 유지보수 정보를 제공해줄 것으로 기대되고 있다.

③ LOGSA(Logistic Support Activity)

미 육군군수지원단(LOGSA)은 2017년 스트라이커(Stryker) 장갑차에 장착된 17개의 센서로부터 수집되는 데이터를 분석해 스트라이커 맞춤형 정비 스케줄을 개발하고자 IBM의 인공지능인 왓슨(Watson)을 도입하였다. IBM은 美 육군에 왓슨의 인지컴퓨팅 플랫폼을 활용한 예방정비를 포함한 클라우드 서비스를 제공한다. 이때 왓슨은 스트라이커 장갑차 부품의 공급망을 분석해 시간과 비용을 절약할 수 있는 최적의 수리부속 공급계획을 수립한다. 현재 전체 수리부속 배송요청의 10% 정도만 왓슨으로 분석하고 있는데 이를 통해 연간 100만불 가량의 비용을 절감하는 것으로 알려져 있다. 따라서 美 육군은 빠른 시일 안에 수리부속 배송요청 전체를 왓슨으로 분석하려는 계획을 가지고 있는 것으로 알려져 있다.

#### 4.2.1.5. 빅데이터 분석과 정보 수집

미국은 빅데이터 분석과 정보 수집을 자동화하여 군사 정보를 효과적으로 관리하고 분석한다. 인공지능은 다량의 정보를 처리하고 의미 있는 패턴을 발견하는데 사용되다. 이를 통해 정찰 데이터, 정찰 사진, 및 다양한 정보 소스를 빠르게 분석하여 적의 활동을 예측/대응할 수 있게 된다.

예를 들어, 미 국방부는 인공지능과 빅데이터 분석을 활용하여 테러리스트 활동을 예측하고 방지하는데 사용하고 있다. 이를 위해 군사 정보 수집의 다양한 소스를 통합하고 분석하는 시스템을 구축하고 있으며, 이 시스템은 다음과 같은 단계로 작동한다. 1단계(데이터 수집), 국제적인 정보 소스로부터 수집되는 정보, 소셜 미디어 데이터, 인텔리전스 보고서, 위성 이미지, 통신 데이터 등 다양한 정보를 수집한다. 2단계(데이터 통합 및 정제), 수집한 데이터를 표준화하고 통합하여 효과적으로 관리한다. 이 과정에서 빅데이터 기술을 사용하여 대규모 데이터를 처리하고 저장한다. 3단계(패턴인식과 예측), 인공지능 알고리즘은 데이터를 분석하여 테러리스트 활동에 관련된 패턴을 식별한다. 이를 통해 어떤 지역에서 미래에 테러 공격이 발생할 가능성이 높을지 예측하고 경고를 제공한다. 4단계(실시간 정보 제공), 분석 결과는 지휘관 및 군사 인텔리전스 담당자에게 실시간으로 제공된다. 이 정보는 군사 작전 계획에 활용되며, 테러 공격을 예방하고 대응하는데 도움을 준다.

### 4.2.2. 이스라엘

#### 4.2.2.1. 무인 무기체계

이스라엘군이 자랑하는 첨단무기 가운데 대표적인 것으로 무인 무기체계가 있다. 무인 무기체계는 인력투입에 들어가는 비용을 줄일 수 있으며, 전투 시 아군 인명피해를 최소화할 수 있다는 점에서 이스라엘뿐만 아니라 여러 나라가 무인 무기체계를 앞다투어 도입하고 있다. 이스라엘은 세계 수준의 무인 무기기술을 개발하였으며, 적극적으로 무인 무기를 실전에 배치하고 있다. 아랍국가의 대공미사일 배치 정찰을 위해 1981년 소형 무인정찰기 스카우트(Scout)를 개발한 이후 걸프전에서 활약한 RQ-2 파이오니어(Pioneer), 2005년 이스라엘군에 배치된 중고도 무인정찰기 헤론(Heron), 고고도 체공 무인기 이단(Eitan)에 이르기까지 이스라엘의 무인 항공기(UAV)는 세계 최고 수준으로 평가받는다. 육군의 무인 지상 차량(UGV)인 가디엄(Guardium)은 카메라, 감지 센서, 전술 네비게이션, 경고 방송용 스피커를 장착하고 기습공격 가능성이 높은 접경지역에서 수색·감시 임무를 수행하고 있다. 해군의 무인 수상함(USV) 프로텍터(Protector)는 최대 20해리(약 37km) 바깥에서 원격조종이 가능하며 다목적 광학장비, 적외선 감시장비, 레이저측정기, 표적 조명레이저 등의 장비를 탑재하여 연안 감시에 사용된다.

#### 4.2.2.2. 자율 살상 무기

〈그림 4-9〉 라니우스 카미카제 드론 작전 모습

2020년, 이스라엘 방위산업체인 엘빗 시스템즈가 공개한 라니우스는 목표물을 자동으로 식별하고 작은 자살폭탄 드론을 탑재하여 적을 공격하는 드론이다. 라니우스에는 AI를 활용한 작은 드론이 임무를 수행하며 건물 주변을 정찰하고 목표물의 위치를 파악할 수 있다. 특히 은폐된 장소에 적을 정찰하거나 공격하는 데 사용될 수 있으며, 자율적으로 임무를 수행하고 운용자는 실시간으로 라니우스의 위치와 상황을 파악할 수 있다. 라니우스는 상대적으로 소음이 작아 큰 드론보다 더 위협적으로 인식될 수 있다[19].

이스라엘은 AI, 사물인터넷(IoT), 머신러닝 기술을 토대로 한 자율무기 도입도 서두르고 있다. 카르멜(Carmel) 프로그램은 첨단 센서, 인공지능 네비게이션, 사물인터넷을 적용한 미래형 장갑전투차량(AFV)을 개발하기 위한 것으로서, 2019년 주행과 전투의 상당 부분이 자율적으로 작동하는 AFV 시제품이 만들어졌다. 이스라엘군이 도입한 소형 무인 수송 차량인 견마로봇 렉스(REX)는 원격조종뿐만 아니라 자율모드도 가능하도록 설계되었다. 또한, 체공형 무인 공격무기 하피(Harpy)는 적의 상공에서 체공하다가 적의 레이더 신호를 포착하면 지상의 통제 없이도 적 레이더를 향해 날아가 자폭한다. 입력된 신호에 반응하도록 되어 있다는 점에서 완전 자율무기는 아니지만, 지상의 원격조종 없이도 작동되며, 자율주행이 가능하도록 개량이 진행 중이다.

#### 4.2.2.3. 미사일

2019년, 이스라엘 라파엘사는 자동 표적 인식과 AI를 활용한 폭탄인 Spice 250에 장면 매칭기술을 통합했다. Spice 250은 75kg의 탄두를 가지며, GPS 신호가 약하거나 없는 환경에서도 전기공학 장면 일치 기술을 활용하여 위치를 탐색할 수 있다. 이미지 딥러닝 기술을 사용하여 움직이는 지상 목표물을 식별하고, 물체와 지형을 구별할 수 있다. 라파엘은 Spice 250의 개발과 테스트를 완료하고, ATA와 ATR 알고리즘의 효과를 입증했다. Spice 250은 초기 타겟을 찾지 못할 때 ATR 알고리즘을 사용하여 다음 타겟을 선택할 수 있으며, 목표물에 도달하기 직전까지 중단하거나 사람이 목표물을 재지시할 수 있다.

#### 4.2.2.4. 미사일 방어체계

이스라엘은 이란, 시리아, 하마스, 헤즈볼라 등 적대적 비국가 행위자의 로켓 공격에 대응하여 다층적 방어체계를 개발하고 있다. 이 중에서 2011년에 운용된 아이언돔(Iron Dome)은 단거리 로켓포를 높은 효율로 요격하여 높은 수준의 방어 능력을 갖추고 있다. 또한, 중거리 미사일을 상대로 하는 다비드슬링(David's Sling)과 장거

19 Ben Wodecki. Tiny AI Kamikaze Drone Packs a Punch. AI Business.

리 탄도미사일을 대비한 애로우-3(Arrow-3)을 개발하여 현재까지 완성된 상태이다. 최근에는 지구 대기권 내부와 외부에서 미사일을 효과적으로 요격할 수 있는 차세대 애로우-4(Arrow-4)의 개발을 시작함으로써, 이스라엘은 단거리 로켓부터 장거리 탄도미사일까지 다층적으로 방어할 수 있는 체계를 구축하고 있다.

이러한 방어체계의 효율성을 높이기 위해 인공지능 기술이 적극적으로 활용되고 있다. 인공지능은 로켓 및 미사일의 궤적 분석, 비행 중 예측, 요격 결정 등 다양한 단계에서 핵심적인 역할을 수행한다. 특히, 실시간 데이터 분석을 통해 패턴 및 동향을 파악하고, 이에 기반하여 최적의 방어 전략을 수립하는 데 인공지능은 중요한 지원을 제공한다. 또한, 고도의 자율성을 갖춘 무기체계의 운용에서도 인공지능이 중요한 역할을 수행하여 효과적인 방어 능력을 확보하고 있다. 이를 통해 이스라엘은 현대적이고 유연한 방어 시스템을 구축하여 다층적으로 발전하는 위협에 대응하고 있다.

#### 4.2.2.5. 사이버전

이스라엘은 사이버공간이 미래 전쟁의 핵심 전장으로 간주되는 현대에, 최고 수준의 사이버전 능력을 갖추고 있는 것으로 알려져 있다. 전통적인 사이버 전쟁에서는 상대방의 전산망을 침투하여 정보를 탈취하는 수준이었지만, 현재의 사이버 전쟁은 상대방의 전산망을 교란하고 마비시켜 지휘통제 시스템이나 미사일 발사 시스템을 파괴하는 수준으로 진화하고 있다.

이스라엘은 이러한 패러다임 변화를 선도하고 있다. 특히 2010년 이란의 나탄즈 핵시설을 대상으로 한 스턱스넷(Stuxnet) 공격은 이스라엘의 사이버 능력이 큰 성과를 발휘했다. 이 공격은 이스라엘의 사이버첩보 전담 부대인 8200부대(Unit 8200)와 미군이 공동 기획한 것으로 알려져 있다. 나탄즈 핵시설에서 발생한 2020년 7월의 화재사건과 2021년 4월의 정전사태 역시 이스라엘의 사이버 공격 결과로 보고되었다. 이와 같은 사례를 통해 이스라엘은 사이버 전력을 활용하여 국방분야에 전략적 영향을 미치고 있음이 확인되고 있다[20].

20 https://www.sedaily.com/NewsView/1HVQ0WCXAC.

#### 4.2.2.6. 지휘통제 체계

첨단무기들을 전투 현장에서 효과적으로 운용하기 위해서는 군사력의 두뇌 역할을 하는 지휘통제 역량도 뛰어나야 하며, 이를 위해서는 정찰, 감시, 통신, 전자정보 분야에서의 기술이 뒷받침되어야 한다. 이스라엘은 감지, 식별, 실시간 상황인식에 필요한 전자센서, 레이더, 광학장비, 데이터링크, 인공위성 기술에서도 탁월한 수준으로 알려져 있다. 특히 이스라엘군에서 지리정보 및 화상 정보를 전문적으로 담당하는 9900부대(Unit 9900)의 위치정보 수집·분석 기술은 세계적 수준이다.

2020년, 이스라엘 국방부는 라파엘 어드벤스 디펜스 시스템즈가 개발한 파이어 위버를 국방혁신을 위한 핵심 시스템으로 선정했다. 이 네트워크로 연결된 센서 투 슈팅 시스템은 고급 컴퓨터 비전 기술과 AI 알고리즘을 활용하여 지휘관과 군인들에게 실시간 전술 정보를 제공하며, 공격 대상의 우선순위를 정하고 적합한 사격수를 할당할 수 있는 기능을 제공한다. 전기공학적 원리와 AI를 이용한 이미지 매칭을 기반으로 하여 GPS 정보가 부족한 상황에서도 효과적으로 작동할 수 있다. 특히 도시 환경에서 적의 위치를 정확하게 파악하여 민간인 피해를 최소화하는 데 도움이 된다. 지휘관은 다양한 이미지와 정보를 활용하여 원거리에서 전술적인 수준에서 전장 상황과 목표물을 효과적으로 감시할 수 있다.

### 4.2.3. 우크라이나

#### 4.2.3.1. 지능화 전투사례

우크라이나군은 2022년 2월 24일부터 현재까지 이어진 '우-러 전쟁'에서 현대적인 군사 전투 기술을 활용해 전투 효과를 극대화하고 있다. 특히, 인공지능 기술을 이용한 혁신적인 전략은 지상, 해상, 공중뿐만 아니라 사이버와 같은 비물리적인 영역에서도 적용되고 있는데, 인공지능 기술을 활용한 주요 전투사례는 다음과 같다.

① 시베르스키도네츠(Siverskyi Donets) 강 전투(지상 영역, 2022. 5. 12)

우87여단은 러시아군에 대한 전투에서 혁신적인 전술을 채택하여 성공을 거두었다. 우87여단은 GIS-Arta라는 인공지능이 덧입혀진 전장 관리체계를 활용하여 효과적으로 전투를 진행했다. 이 체계는 드론을 활용하여 획득한 표적에 대해 자체, 인접 및 상급부대의 화력 자산을 중첩 없이 실시간으로 할당함으로써 최적의 화력 효율성을 확보했다. 이러한 전술을 통해 우87여단은 강 주변에 고착된 러시아군을 효과적으로 타격하고, 중복되는 화력을 최소화했다. 이로써 러시아군의 전차, 장갑차, 전술 차량 등 73대를 파괴하고, 1,000명 이상의 전상자가 발생했다. 또한, 이런 비접촉 전투 방식은 병력에 의한 근접전투를 피하고 화력 중심의 전투를 수행하여 전투원의 피해를 최소화했다[21].

이처럼 GIS-Arta를 활용한 우87여단은 전투의 구조와 방식을 혁신하며 생존성과 전투 효율성을 향상시켰다. 인공지능 기술의 접목은 전투 전반에 걸쳐 효율적인 의사결정과 리소스 할당을 가능케 하였다(조상근 외 4명, 2023).

② 크름반도(Crimean Peninsula) 병참선 타격작전(공중 영역, 2022. 8월)

우크라이나의 특수작전부대는 러시아군에 대한 효과적인 공격을 위해 정찰 드론과 자폭 드론을 결합하여 혁신적인 전투 전략을 성공적으로 시행했다. 이들은 정찰 드론을 사용하여 분산된 러시아군 병참시설의 세부적인 정보를 획득하고, 이를 기반으로 자폭 드론을 발사하여 정밀타격을 수행했다. 이때, 자폭 드론은 미리 여러 개의 표적 정보를 기입하여 러시아군의 전자공격에 대비하고, 상황 변화에 유연하게 대응할 수 있도록 설계되었다. 이러한 전략을 통해 특수작전부대는 크름반도에 위치한 러시아군의 병참시설을 한 달 동안 집중적으로 파괴하였다. 러시아군의 병참시설 파괴 이후에는 고속기동포병로켓시스템, 중장거리 공격드론, 전술미사일 등 상급부대 자산을 활용하여 추가적인 타격을 가하며 러시아군의 전력을 급격히 약화시켰고, 이 결과로 우크라이나군은 처음으로 대규모 반격작전을 전개할 수 있는 여건을 확보하게 되었다. 그 이후 우크라이나 특작부대는 인공지능을 활용, 자폭 드론의 활용과 함께 표적 정보를 스스로 인식하여 무인 전투를 진행하는 혁신적인 방법을 도입하여, 장거리 정밀타격이 가능한 무인 체계를 통해 작전 반경을 확대하고 전투 효과를 극대화하였다.

21 https://www.getnews.co.kr/news/articleView.html?idxno=584144

③ 브로바리(Brovary) 전투(사이버 영역, 2022. 3. 9)

우크라이나의 우72여단은 인공지능 기술을 효과적으로 활용하여 러시아군의 도시 공격을 성공적으로 수비했다. 드론을 통한 감시와 IMSI Catcher를 활용한 통신감청으로 러시아군의 의도를 실시간으로 파악하였고, 이 정보를 기반으로 매복 및 전투 행동을 계획했다. 정찰대는 전투 중에 대전차미사일로 선두와 후미를 타격하고, 휴대용 재머를 이용하여 러시아군의 지휘통제를 일시적으로 마비시켰다. 드론에 장착된 표적지시기와 스마트 포탄(Kvitnyk)을 활용하여 정밀타격을 수행하여 상대를 고립시키고 퇴각시키는 데 성공했다.

우크라이나는 또한 'Media Monitoring Bot'을 활용하여 미디어 감시를 통해 러시아군의 의도를 사전에 파악하여 예측 매복을 수행했다. 또한, 국민들이 핸드폰과 드론을 사용하여 러시아군의 활동을 촬영하고, 무선 동호회원들은 통신 내용을 감청하여 SNS를 통해 군에 정보를 제공했다. 이런 종합적인 정보 수집과 분석은 전투 생존성과 효율성을 높이는 데 기여하였다. 인공지능 기술의 활용은 우크라이나의 전쟁 수행능력을 향상시켰으며, 국가 총력전 전략의 핵심요소로 작용했다.

④ 부차(Bucha) 인지전(Cognitive Warfare)(인지 영역, 2022. 2월)

우크라이나군은 전투 전략에서부터 전술적 수준의 제대인 여단까지 다양한 인지 전 플랫폼을 활용하여 러시아의 하이브리드 전에 효과적으로 대응하고 있다. 특히, 'Clearview AI'와의 결합으로 미국의 안면 인식 기술을 활용하여 상대의 행동을 추적하고 규명하는 데 활용하고 있다.

러시아의 부차 지역에서 발생한 학살 사건에 대한 국제사회의 비난에 대응하기 위해 우크라이나는 'Clearview AI'를 사용하여 러시아군 소속 장병들의 SNS를 조사하고 그들의 사진을 세계에 공개함으로써 국제적인 동의와 지지를 얻었다. 이를 통해 우크라이나는 국제사회의 관심을 끌며 전쟁에 대한 군사적 지원을 유도하고, 러시아의 명분을 약화시키는 데 성공했다.

이러한 전략은 우크라이나의 강력한 인지전 플랫폼과 인공지능 기술을 통한 민군융합형 사이버 조직을 강조하여, 전투의 효과를 극대화하고 현대 전장에서의 사이버 전쟁에 대비하는 새로운 전투 모듈로 인공지능을 효과적으로 활용하고 있다.

#### 4.2.3.2. 드론

우크라이나는 돈바스 전쟁(2014~2015)에서 러시아에 패한 후, 무인기 전력화에 과감한 투자를 했다. 이로 인해, 우-러 전쟁 초기 우크라이나는 무인기를 적극적으로 활용할 수 있었다. 실제로, 우크라이나는 전쟁 초기 'TB2', 'Punisher', 'Warmate', 'R-18', 'Switchblade 300600' 등 10여 종 이상의 공격 드론을 보유하고 있었기 때문에 러시아군 지휘소, 기계화부대, 보급시설 등 전후방 지역을 정밀 타격할 수 있었다.

우크라이나는 드론으로 드론을 파괴하는 충파(沖破) 개념을 적용한 차세대 무기체계를 개발하고 있는데, 이 중에서 인터셉터 드론 'Fowler'는 러시아의 드론을 180km/h의 속도로 근거리(500~1,000m)에서 충파로 요격할 수 있는 능력을 갖추고 있다. 'Fowler'는 이미 러시아군이 운용 중인 드론인 Mavic과 Orlan-10을 대상으로 한 데이터 분석을 완료하였다. 또한, 'Shahed-136'을 공중에서 타격할 수 있는 'Strike Drone'과 충파로 격추할 수 있는 'Shahed Catchers'을 개발 중이며, 이를 신속하게 투입하여 전력화할 계획이다. 'Shahed Catchers'는 가속도로부터 나오는 충격력을 활용하여 상대 드론과 충돌하므로 기체 손상 없이 연속적으로 운용할 수 있는 이점을 가지고 있다[22].

#### 4.4.3.3. 대 드론체계

우크라이나는 경제적인 측면에서 획기적이면서도 비용대비 효과적인 대 드론체계를 개발하고 있다. 이러한 노력은 러시아의 저가 무인기를 고가의 지대공 미사일로 효과적으로 대응하기 위한 것으로, 장기전에서 지속적으로 활용 가능한 방어체계를 구축하고자 하는 의도이다.

2023년 1월에 이란은 미국으로부터 'Vampire', 'NASAMS' 등의 모듈형 정밀타격체계를 도입하여 'Shahed-136' 45대를 성공적으로 요격했다. 'Vampire' 및 'NASAMS'은 각각 10km 및 160km까지의 범위에서 정밀타격이 가능한 현존의 대두론 체계이다. 더불어 'Anti-Drone Mobile Group(ADMG)'을 운용하여 러시아

22 2022년 12월 30일, 우크라이나 부총리 겸 디지털혁신부 장관인 Mykhailo Fedorov는 우크라이나가 공중에서 드론을 타격하는 드론(air-to-air combat drones)을 연구하고 있다고 밝혔다.

의 Shahed-136 및 크루즈 미사일과 같은 다양한 공격으로부터 주요 도시를 효과적으로 방호하기도 했다. ADMG는 정찰감시용 드론, 대전차화기, 레이저 표적지시기, 야간투시경(NVG), 무전기 등을 휴대하고 있으며, 대공화기가 장착된 SUV 차량을 활용하여 뛰어난 기동성을 가지고 운용되고 있다. 이러한 성과는 미국의 지원과 함께 모듈형 정밀타격체계와 다양한 기술을 결합하여 국가 안보를 강화하는 데 인공지능 기술이 효과적으로 활용되었음을 시사한다.

우크라이나는 인공지능 기술을 활용, 국제사회에서 제공하는 최첨단 무기체계와 대공화망을 엮은 'High-Low Mix' 형태의 대 드론체계를 구축하여 러시아의 무인기 위협에 적극적으로 대응하고 있다.

#### 4.2.3.4 사이버전

2022년 2월 24일 러시아의 우크라이나 침략 이후, 러시아는 선제적인 사이버 공격을 통해 우크라이나 정부와 국민을 분열시키고 국가의 사이버 기반시설을 탈취하려는 시도를 벌였다. 우크라이나는 초기에 사이버전에 대비하지 못해 열세를 보였으나, 우크라이나 정부는 미처 준비하지 못한 사이버전 능력을 보완하기 위하여 정부 주도로 민간 IT 전문가들을 중심으로 'IT 의용군'을 창설하였다. 이후 '어나니머스'와 같은 국제 해커집단이 여기에 대거 호응하여 러시아의 사이버 공격에 공동 대응하면서 우크라이나는 사이버 영역에서 러시아의 사이버공간과 기반시설에 대한 DDoS 공격 등을 통해 어려운 가운데 러시아의 공격을 저지하고 있다. 이러한 대응에서 인공지능은 핵심 역할을 하고 있으며, 고도화된 인공지능 기술을 활용하여 신속한 사이버 위협 탐지와 효과적인 대응이 가능하였다.

## 4.3. 대한민국 국방 분야 인공지능 활용사례

'23년 4월 19일, 국방부는 국가과학기술자문회의 심의를 거쳐 '23~'37 국방과학기술혁신 기본계획을 확정했다. 이 계획은 2027년까지 국방비에서 연구개발 비중을 10%로 높이고 북핵 미사일 위협 대응을 위한 30개 국방전략기술을 육성하는 것을 목표로 하고 있다. 정부는 인공지능, 유·무인 복합, 양자, 우주, 에너지, 첨단소재, 사이버·네트워크, 센서·전자기전, 대량살상무기(WMD) 대응 등 10대 전략기술 분야에서 30개 국방전략기술을 육성하기로 결정했다. 이를 위해 첨단기술 분야에 집중적으로 투자하고, 국방 R&D의 비중을 올해 9.04%에서 2027년에는 10% 수준까지 확대하는 계획이다.

도전적인 연구개발 환경 조성을 위해 정부는 국방연구개발에 산·학·연의 참여를 확대할 것이며, 민간 기술을 국방 분야로 유입시키려는 조치도 마련했다. 또한, AI와 빅데이터의 특성을 고려하여 개방형 국방연구개발 수행체계를 정립하는 등 혁신적인 제도적 기반을 구축하는 방안을 채택했다. 군의 참여 범위를 확대하고 군의 연구개발 역량을 강화하는 동시에 산·학·연의 참여를 활성화하여 연구인력을 확대하는 계획이다.

〈그림 4-10〉 국방혁신 4.0 주요 내용

위에서 언급한 것처럼, 우리 군은 인공지능 기반의 첨단과학 기술군을 표방하면

서 강도 높은 국방혁신을 추진하고 있다. 무엇보다도, 각 군은 현존 및 잠재적 위협에 대비하고 인구절벽으로부터 발생하는 다양한 도전에 대응하기 위해 유무인 복합전투체계를 개발하고 있다. 이런 측면에서 현재 세계 각국에서 진행되고 있는 지능화 전투사례와 이로부터 도출된 시사점은 우리 군에게 유의미하다. 따라서 앞으로도 주요국에서 운용되는 인공지능 무기를 지속적으로 추적하여 한국적 함의를 도출할 필요가 있을 것이다.

과학기술정책연구원이 2020년 국방 전문가 40인(군인, 연구소, 방산기업, 대학)을 대상으로 실시한 설문 조사에 따르면 국방 인공지능 기술 도입에 대해 전체 응답자의 94%가 매우 중요하다고 보았다. 또한, 〈그림 4-11〉과 같이 인공지능 기술활용 기대효용 질문에 자원 관리의 효율화, 위험 임무 대체 등에서 효용을 얻을 것이라고 응답했고, 인공지능 기술 활용도 질문에 무기체계 및 전력지원체계에서 보통 이상의 활용도를 가질 것으로 응답했다.

〈그림 4-11〉 인공지능 활용 기대효용(좌)과 기술활용(우) 정도

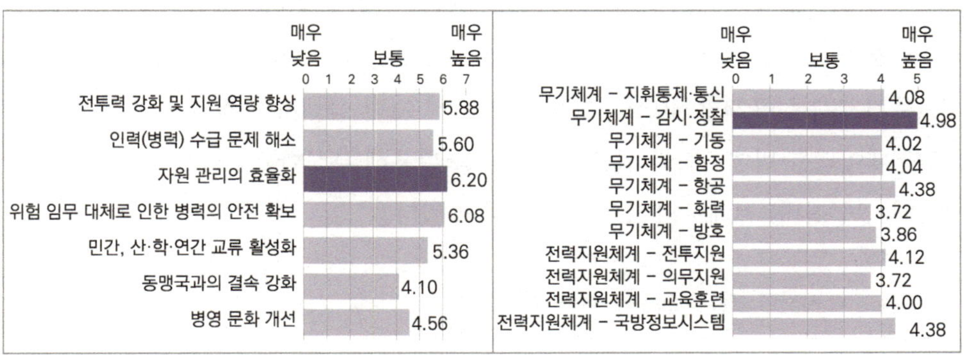


사이버 보안, 군수지원, 감시장비, 전장 헬스케어 등의 다양한 분야에서 인공지능을 활용하기 위해서는 전문 인력의 양성이 필수적이며, 국방 인공지능 전략을 효과적으로 이행하기 위해서는 기존 제도의 개선과 함께 새로운 제도의 도입이 필요하다. 또한, 인공지능 인프라를 안정적으로 구축하고 유지하기 위해서는 적절한 기술과 인프라의 보강이 필요하다. 따라서 국방에서 인공지능을 효과적으로 활용하고 이를 통해 미래전을 준비하기 위해서는 이러한 도전 과제에 대한 종합적이고 체계적인 대응이 요구된다.

### 4.3.1. 국방 군수분야

육군본부 군수참모부와 군수사령부의 주요 군수정책을 중심으로 우리 육군의 국방 군수분야에서의 인공지능 활용실태를 분석했을 때 현재 우리 육군은 스마트 정비, 스마트 공장, 그리고 스마트 물류센터 분야에 인공지능 기술을 도입할 계획을 세우고 있는 것으로 나타났다.

앞서 미국의 인공지능 활용사례에서 살펴보았듯이, 미군의 경우 항공기와 장갑차 등에 센서를 장착한 뒤 인공지능 기술을 활용해 스마트 예방정비 혹은 예지 정비에 활용하고 있다. 우리 군도 2017년부터 수리온 헬기와 차륜형 장갑차에 센서를 부착해 데이터를 수집하고는 있으나 빅데이터 및 인공지능 기술을 활용한 체계적인 분석이 이루어지지 않아 스마트 예방정비 혹은 예지 정비 등으로 이어지고 있지는 않은 실정이다. 〈그림 4-12〉는 차륜형 장갑차에 부착된 센서 데이터 수집장치의 모습을 보여준다. 이러한 문제점을 해결하기 위해 우리 군은 센서 정보를 활용한 상태기반 정비체계 구축을 목표로 현재 센서가 부착된 장비에서 수집된 데이터를 바탕으로 상태기반 정비 적용 소요 도출을 위한 시범사업을 추진하고 있는 한편 센서 데이터 분석을 위한 전문인력 양성을 추진하고 있다. 또한, 중·장기적으로는 무기체계 신규개발 및 성능개량 시에 센서 기반 블랙박스 장착을 확대하고, 수집된 데이터를 빅데이터와 인공지능 기술을 활용해 분석함으로써 스마트 예지정비(상태기반 정비) 체계로의 도약을 추진하고 있다.

〈그림 4-12〉 차륜형 장갑차 센서 데이터 수집장치

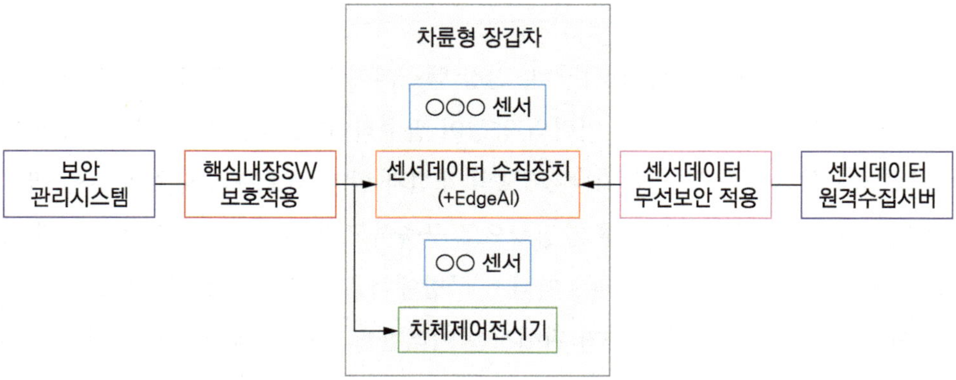

우리 군은 다양한 종류의 수리부속을 보유하고 있어, 정확한 수리부속 수요를 예측하는 것은 장비 가용성 측면에서 중요하다. 그러나 정확한 수요예측은 복잡하고 어려운 작업이며, 이를 해결하기 위해 2012년부터 국방연구원(KIDA)에 수리부속 소요분석팀을 설치하여 장비별 수리부속 수요예측 모델을 개발하고 있다. 2015년부터는 빅데이터 기반의 기계학습을 적용하여 모델의 정확도를 향상시키고 있으며, 최근에는 심층학습의 적용도 개발 중이다. 또한, ㈜위세아이텍, ㈜디지탈쉽, ㈜플랜투비지니스턴설팅, 국방기술품질원, 국방대학교 산학협력단으로 구성된 컨소시엄은 2017년 과학기술정보통신부의 「머신러닝 기반 군 전력장비 수리부속/정비수요 예측시스템 기술개발」과제를 수주하여 수리부속 수요예측 연구를 진행하기도 하였다.

〈그림 4-13〉 머신러닝 기반 군 전력장비 수리부속/정비수요 예측시스템 개요

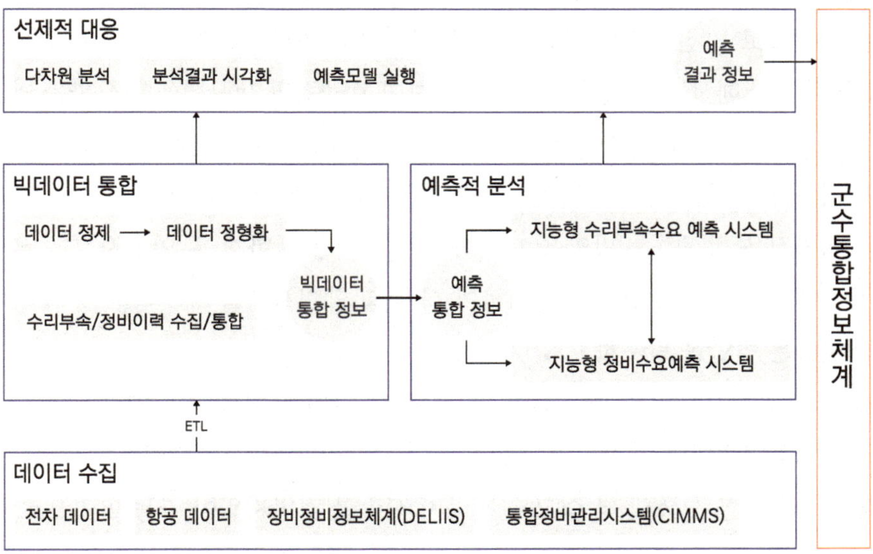


머신러닝 기반 군 전력장비 수리부속/정비수요 예측시스템은 현재 우리 군의 전차나 항공기의 장비정비정보체계(DELIIS[23]) 및 육군 종합정비창의 통합정비관리시스템(CIMMS[24])으로부터 데이터를 수집한다. 이후, 수집된 데이터는 정제 및 정형화

23 Defense Logistics Integrated Information System

24 Computer Integrated Maintenance & Management System

단계를 거쳐 빅데이터로 전환되며, 인공지능의 심층학습 및 강화학습을 통해 수요 및 정비 소요를 정확히 예측하여 선제적으로 대응한다. 머신러닝 기반 시스템의 개발이 완료되고 군수통합정보체계와의 연동이 성공적으로 이루어진다면, 빠르고 정확한 수리부속 예측을 통해 비용을 획기적으로 절감하고 장비 가용성을 크게 향상할 것으로 기대된다.

### 4.3.2. 스마트 공장(Smart Factory)

육군 종합정비창이 현재 유지 중인 정비시스템의 한계로 최신 무기체계의 운용과 유지에 한계를 보여, 이를 해결하기 위해 스마트 공장으로의 전환을 추진하고 있다. 이 스마트 공장 전환사업은 내·외부 환경 및 강·약점 분석을 기반으로 크게 4개 핵심 분야에 중점을 두고 진행되고 있고, 세부내용은 아래와 같다.

첫째, 3D(Difficult, Dirty, and Dangerous) 정비공정에 산업용 로봇을 도입하여 작업환경을 개선하고 안전을 강화하는 방안을 모색하고 있다. 둘째, 단순하고 반복되는 작업공정에 대해서는 자동화 설비를 도입하여 효율성과 생산성을 향상하는 방안을 추구하고 있다. 셋째, 고가의 시험장비와 같이 고장이 발생했을 때 치명적인 영향을 미치는 장비에 IoT 기반의 센서를 부착하여 고장을 예측하고 정비 장비의 가용성과 생산성을 향상하는 방안을 모색하고 있다. 넷째, 화재 및 안전사고가 우려되는 장소에 센서와 경보장치를 설치하여 화재 및 안전사고를 예방하고 창정비 여건을 개선하는 방안을 탐구하고 있다.

스마트 공장으로의 전환은 자동화 로봇 및 설비를 통해 정비역량을 향상시켜 전투부대의 지원역량과 장비 가동률을 향상시킬 것으로 기대되며, 지능화된 작업환경으로의 전환을 통해 더 쉽고 안전하며 신속한 정비지원이 가능할 것으로 예상된다.

### 4.3.3. 스마트 물류창고(Smart Warehouse)

현재 육군이 운영 중인 30여 개 물류창고 중 20여 개가 노후화되어 업무효율이 낮고 군수정보체계와의 연동이 한정적인 상황이다. 이에 육군은 물류 혁신을 위해 30년 이상 노후화된 물류창고를 철거하고 스마트 물류창고(스마트 통합물류센터)

를 신축하여 운용할 계획이다.

신규 물류창고에는 자율주행차량(AGV), 포장, 테이핑, 밴딩 등의 자동 적송 장비를 도입하여 물류 흐름을 효율적으로 관리할 것이다. 또한, 군수통합정보체계와의 연동을 통해 스마트 물류창고에 들어오는 군수품을 통합적으로 관리하며, 신속하고 정확한 군수지원을 실현할 것으로 예상된다. 스마트 물류센터 도입으로 저장능력은 60% 이상 향상되고, 노후 물류창고의 유지·보수 관리비용은 3년간 약 50억 원 정도 절감될 것으로 전망되며, 물류처리 기간은 40% 이상 단축될 전망이다. 이로써 스마트 물류창고 도입은 물류시스템의 혁신과 더불어 비용 효율성과 업무처리 속도의 향상을 기대하고 있다.

### 4.3.4. 경계 및 감시지원 체계

국방 분야에서 AI를 활용한 경계 및 감시지원 체계는 다양한 센서와 기술의 통합을 통해 국가안전을 강화하는 핵심요소이다. 이 체계는 스마트 센서 네트워크를 활용하여 다양한 데이터를 실시간으로 수집하고, AI 기술을 활용하여 이상 행동을 식별하고 분석한다.

〈그림 4-14〉 AI 활용 국방 경계 및 감시지원 체계

또한, 자동화된 추적 및 식별 기능을 통해 적의 움직임을 정확히 감지하고, 예측 및 조기 경고 시스템을 통해 잠재적인 위협에 대한 사전 대응을 가능하게 한다.

육군에서는 병력을 AI로 대체하여 선박과 사람 등을 자동으로 인식하는 융합 해안 경계체계를 구축하고 있다.

〈그림 4-15〉 AI 융합 해안경계체계(2020~2023, 육군)

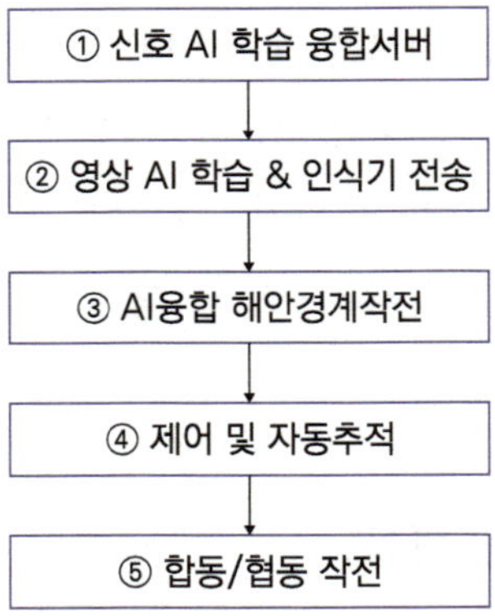


### 4.3.5. 국방 의료분야

AI 융합 군 장병 의료영상 진료 판독시스템을 구축 중이다. 군 의료영상 데이터(X-ray, CT사진 등)를 AI로 분석, 군의관의 진료를 지원하는 AI 솔루션을 개발하고, 이를 군 병원과 의무대 약 88개소에 설치하는 사업이다. 이 AI 솔루션은 군에서 많이 발생하는 9개 질환(폐렴, 결핵, 골절 등)을 판독하는 지능형 소프트웨어로 정확도가 90% 이상이다. 육군(한빛 동명부대) 및 해군 파병부대(청해부대, 파병지원함 등), 해병대(서북도서), 타국 군 병원(우즈벡, 태국) 등에 운용하고 있다.

〈그림 4-16〉 AI 융합 군 의료영상 진료 판독 체계 흉부 X-Ray 영상을 자동으로 분석 및 판독하는 체계(2020~2023, 의무사)

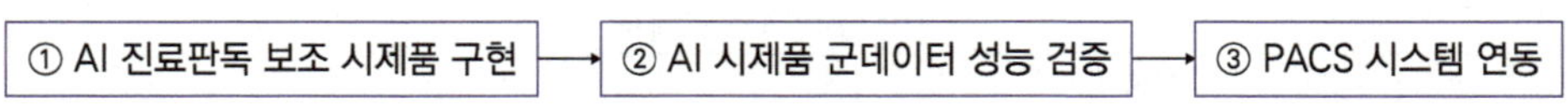


### 4.3.6. 업무혁신

빅데이터 선도사업을 통한 분야별 빅데이터 분석모델 개발, RPA(로봇 프로세스 자동화) 및 챗봇 솔루션 도입을 통한 업무 자동화를 2019년부터 지속 추진하고 있다. 아직 민간기업과는 업무환경이 상이하여 군에 원활하게 적용되고 있지는 않고 있으나, 군에 적용 가능한 사례를 발굴하여 확산하기 위한 노력을 지속하고 있다.

〈그림 4-17〉 AI 기반 업무혁신 지원체계

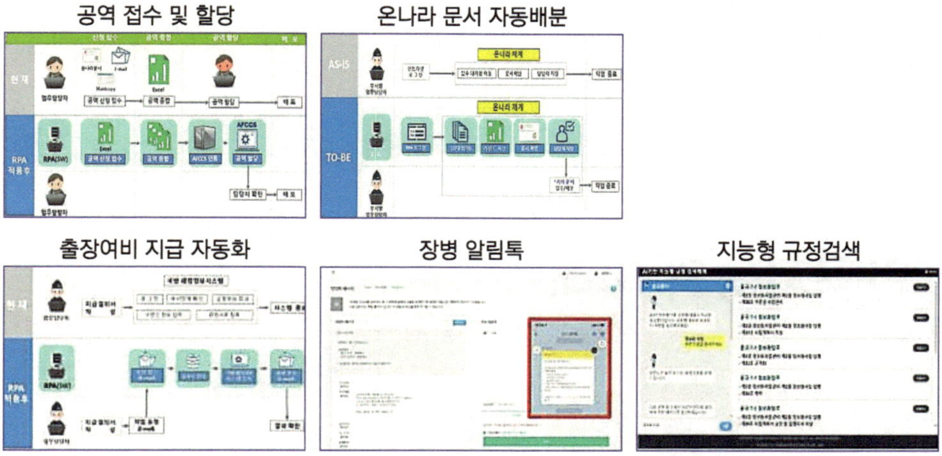


#### 4.3.7. 훈련 분야

군사 훈련 분야에서도 다양한 방식으로 인공지능을 활용하고 있다. 인공지능은 가상훈련 환경을 통해 안전하고 효율적인 군사 훈련을 제공하며, 복잡한 전투 시나리오를 시뮬레이션하고 예측하여 전략과 전술을 개선한다. 또한, 군인들의 개별 훈련과 성과를 모니터링하고 맞춤형 훈련 계획을 제공하며, 훈련 중에 자동화된 피드백을 제공하여 개선점을 식별한다.

〈그림 4-18〉 AI기반 훈련지원체계

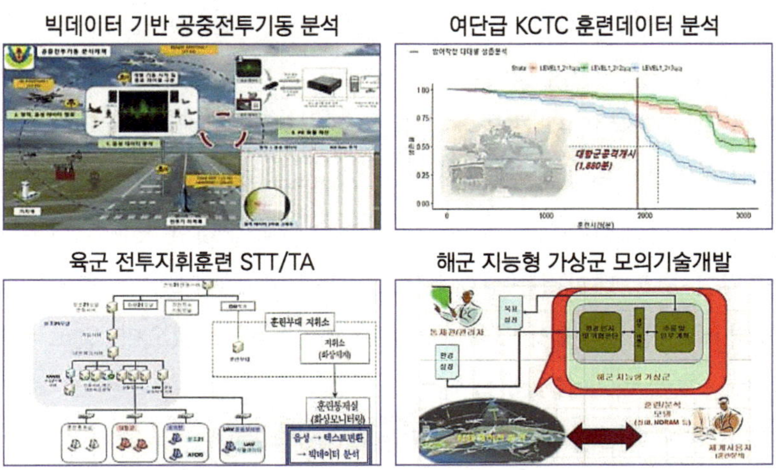

# 5

# 인공지능의 미래

## 5.1. 인공지능의 문제점

### 5.1.1. 데이터 문제

인공지능, 특히 딥러닝은 대량의 데이터를 필요로 한다는 사실은 잘 알려져 있다. 이는 딥러닝이 다른 머신러닝 알고리즘에 비해 알고리즘을 훈련시키는 데 필요한 데이터의 양이 훨씬 더 많기 때문이다. 딥러닝 알고리즘의 학습 과정은 크게 두 가지 단계로 구분될 수 있다. 첫째, 알고리즘이 도메인에 대해 배우고 문제를 해결하는 단계, 둘째, 훈련이 시작되면 알고리즘이 처음부터 데이터를 분석하고 이해하는 단계다. 이를 위해 알고리즘은 수많은 매개 변수가 필요하며, 이 매개 변수를 제대로 튜닝하려면 많은 양의 데이터가 필요하다.

데이터는 인공지능의 세 가지 핵심 요소 중 하나이다. 이 세 가지 요소는 알고리즘, 모형 그리고 데이터로 구성되며, 이 세 가지 모두가 인공지능의 성공적인 구현을 위해 중요하다. 그러나 대체로 알고리즘과 연산력에 대한 자본과 언론의 관심이 주로 집중되어 왔고, 데이터는 상대적으로 주목받지 못하고 있다. 하지만 데이터는 인공지능의 실제 상용화에서 대체 불가능한 역할을 하고 있으며, 알고리즘이 제대로 설계되고, 그에 따라 데이터를 대량으로 처리하면 기기를 '스마트'하게 만들어 실제 응용 장면에서 활용할 수 있게 해준다. 알고리즘이 성능을 한층 더 향상시키려면 더욱 세밀한 데이터가 필요하다는 것은 분명하다.

〈그림 5-1〉 패러다임의 변화에 따른 데이터

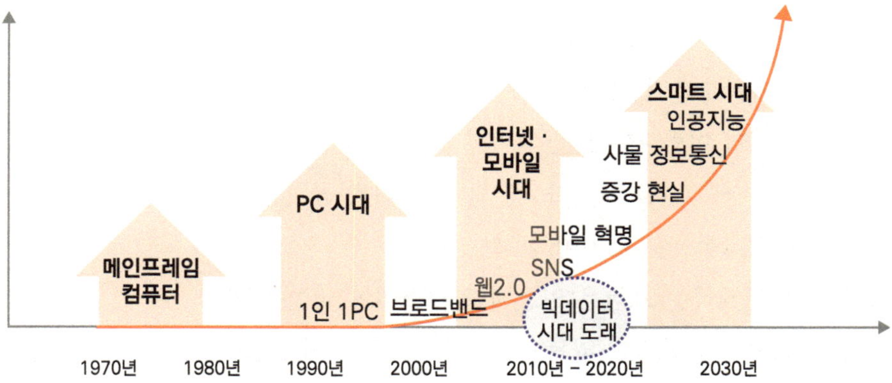


| 데이터 규모 | EB(엑사바이트) (1990년대말 = 100EB) | ZB(제타바이트) 진입 (2011년대말 1.8ZB) | ZB본격화 시대 (2020년 2011년 대비 50배 증가) |
|---|---|---|---|
| 데이터 유형 | 정형 데이터 (데이터베이스, 사무 정보) | 비정형 데이터 (눈, 멀티미디어) | 사물 정보, 인지 정보 (RFID, 센서, 사물 정보) |
| 데이터 특성 | 구조화 | 다양성, 복합성, 소셜 | 현실성, 실시간성 |

데이터는 인공지능의 학습과 성능 향상에 있어 필수적인 요소이다. 현재 인간과 기계 모두에서 생성되는 데이터의 양은 이를 흡수하고, 해석하고, 복잡한 의사결정을 내리는 데 인간의 능력을 훨씬 초과하고 있다. 인공지능은 이러한 방대한 데이터를 활용하여 모든 컴퓨터 학습의 기초를 담당하고, 미래의 복잡한 의사결정을 이끌어내는 역할을 수행하게 될 것이다.

그러나 대기업이 아닌 개별 기업이 이렇게 방대한 데이터를 수집하고, 가공하고, 구축하는 것은 거의 불가능에 가깝다. 또한 데이터 구축에 대한 표준이 정립되지 않아 데이터의 품질을 확보하는 것이 어려운 경우가 많다. 이런 문제를 해결하기 위해 공공성을 갖춘 인공지능 데이터 확보에 일정한 기준이 필요하다. 정부가 주도하여 다양한 학습용 데이터를 구축하고 공개하면, 이를 통해 스타트업들의 기초 체력을 강화시키고, 더욱 발전된 인공지능 기술을 개발하는 데에 도움을 줄 수 있을 것이다.

### 5.1.2. 블랙박스 문제

인공지능, 특히 딥러닝 모델은 종종 '블랙박스'라는 표현으로 묘사되곤 한다. 이 표현은 인공지능 모델이 어떤 방식으로 결정을 내리고, 왜 특정한 결과를 예측하는지에 대한 이해가 어렵다는 것을 의미한다. 이러한 이해의 어려움은 인공지능의 결정 과정에 대한 신뢰성을 저해하 게 되며, 특히 인공지능이 중요한 의사결정을 하는 경우에는 심각한 문제로 이어질 수 있다.

블랙박스 문제라는 표현은 인공지능 시스템이 내놓은 판단이나 결정의 과정과 방법에 대한 충분한 설명이 없는 상태를 의미한다. 예를 들어, 인공지능이 폐암 의심 진단을 내놨다 하더라도, 어느 부분에서 어떠한 근거로 이러한 결과를 도출했는지를 알 수 없다는 것을 의미한다.

〈그림 5-2〉 인공지능 블랙박스

블랙박스 문제는 인공지능의 복잡성과 깊은 연관이 있다. 인공지능 알고리즘, 특히 딥러닝 알고리즘은 매우 복잡한 구조를 가지고 있으며, 이 복잡성 때문에 알고리즘이 어떻게 작동하는지를 이해하거나 설명하기가 어렵다. 이로 인해 인공지능의 결정 과정을 추적하거나 분석하는 것이 어려워진다.

이러한 블랙박스 문제는 인공지능의 신뢰성과 투명성에 대한 중요한 문제를 제기한다. 인공지능이 중요한 결정을 내릴 때, 그 결정이 어떻게 이루어졌는지를 이해하고 신뢰할 수 있어야 하는데, 블랙박스 문제로 인해 이러한 이해와 신뢰가 어려워질 수 있다.

따라서, 블랙박스 문제를 극복하는 것은 인공지능 연구의 중요한 도전 과제로 인식되고 있다. 이를 해결하기 위한 방법 중 하나로 설명 가능한 인공지능(Explainable AI, XAI)가 제안되고 있다. XAI는 인공지능이 내린 행위와 판단을 사람이 이해할 수 있는 형태로 설명할 수 있는 인공지능 기술이다. 이 기술은 인공지능의 결정 과정을 이해하고, 이를 통해 인공지능의 신뢰성을 높이는 데 도움이 될 수 있다.

## 5.1.3. 오버피팅

오버피팅은 머신러닝 모델이 학습 데이터를 과도하게 학습, 심지어 학습 데이터의 노이즈까지 학습하여 일어나는 현상을 뜻한다. 이는 일반적으로 학습 데이터가 실제 데이터의 부분 집합이기 때문에, 학습 데이터에 대한 오차는 감소하지만, 실제 데이터에 대해서는 오차가 증가하게 되는 일이 발생한다.

오버피팅은 학습 데이터에 대해서만 과도하게 최적화된 모델이기 때문에, 새로운 데이터에 대한 예측 성능이 떨어지는 현상을 일으킨다. 이는 모델이 학습 데이터의 특정 패턴이나 노이즈까지 과도하게 학습해버리면서 발생하는 문제로, 이로 인해 모델은 학습 데이터에 대해서는 매우 높은 성능을 보이지만, 새로운 테스트 데이터나 실제 환경에서의 성능은 크게 떨어지는 현상이 발생한다.

〈그림 5-3〉 언더피팅 및 오버피팅

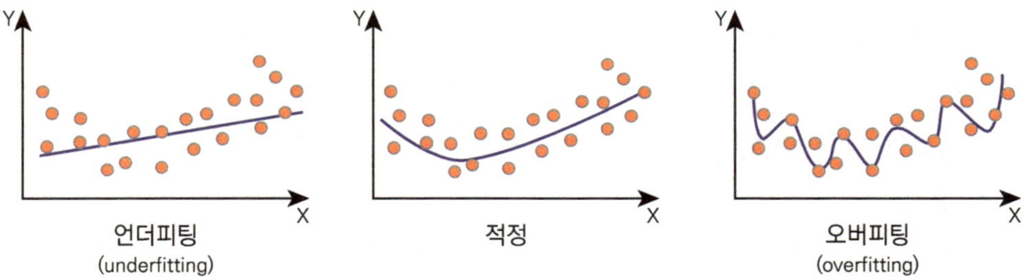


이러한 오버피팅은 모델의 복잡도와 학습 데이터의 양에 따라 발생하는데, 모델이 과도하게 복잡하거나 학습 데이터의 양이 부족한 경우에 오버피팅이 발생하기 쉽다. 이를 해결하기 위한 방법으로는 데이터의 양을 늘리는 것, 모델의 복잡도를 줄이는 것, 그리고 정규화를 사용하는 것 등이 있다.

데이터의 양을 늘리는 것은 모델이 다양한 패턴을 학습할 수 있게 해서 오버피팅을 방지하는데 큰 도움이 되고, 모델의 복잡도를 줄이는 것은 모델이 너무 복잡한 패턴을 학습하는 것을 방지하여 오버피팅을 막는 방법이다. 또한 모델의 복잡도를 줄이기 위한 방법 중 하나로, 정규화가 있는데, 이는 모델의 가중치를 제한하여 모델의 복잡도를 간접적으로 줄이는 효과가 있다. 이 역시 오버피팅을 방지하는 데 큰 도움을 제공한다.

하지만 이런 방법들이 항상 오버피팅을 완벽하게 해결할 수 있는 것은 아니다. 그러므로 오버피팅을 효과적으로 관리하고, 모델의 성능을 최적화하는 것은 머신러닝과 인공지능 분야에서 중요한 과제로 남아 있다. 이는 머신러닝 모델을 개발하고 최적화하는 과정에서 항상 고려해야하는 중요한 이슈이며, 이를 잘 처리하는 것이 모델의 성공을 결정하는 중요한 요소 중 하나이다.

또한, 오버피팅을 관리하는 다른 방법으로는 교차 검증(Cross Validation), 조기 중단(Early Stopping), 드롭아웃(Dropout) 등이 있다. 교차 검증은 모델을 학습시킬 때 사용하는 데이터 셋을 여러 개로 나누어 학습과 검증을 반복함으로써 모델이 학습 데이터에 과적합되는 것을 방지하는 방법이다. 조기 중단은 학습 과정에서 검증 데이터에 대한 성능이 더 이상 증가하지 않을 때 학습을 멈추는 방법으로, 오버피팅을 방지하는데 도움이 된다. 드롭아웃은 신경망 모델에서 무작위로 일부 뉴런을 제거함으로써, 모델이 특정 뉴런에 의존적이지 않도록 하여 오버피팅을 방지하는 방법이다.

이렇게 다양한 방법을 통해 오버피팅을 관리하고, 모델의 성능을 최적화하는 것은 머신러닝과 인공지능 분야에서 중요한 과제로 남아 있다. 이를 통해 더욱 정확하고 신뢰할 수 있는 모델을 개발하고, 새로운 데이터에 대한 예측 성능을 향상시킬 수 있다.

이 외에도 앙상블 학습, 부스팅, 배깅 등의 기법들을 활용하여 모델의 일반화 성능을 높이는 방법들이 있다. 앙상블 학습은 여러 개의 모델을 결합하여 오버피팅을 방지하고, 모델의 예측 성능을 향상시키는 방법이다. 부스팅은 약한 학습기를 결합하여 강한 학습기를 만들어내는 방법으로, 배깅은 학습 데이터를 무작위로 선택하여 여러 모델을 학습시키고, 이들의 예측을 통합하여 오버피팅을 방지하는 방법이다.

이러한 다양한 방법들을 통해 오버피팅 문제에 대처하고, 모델의 성능을 향상시키는 것은 머신러닝과 인공지능 모델을 개발하고 향상시키는 과정에서 매우 중요하다. 따라서 이러한 방법들을 잘 활용하여, 모델의 성능을 극대화하고, 신뢰성 있는 예측을 가능하게 하는 것이 중요하다.

### 5.1.4. 유연성 부족

인공지능, 특히 딥러닝 알고리즘의 성격은 주어진 문제를 해결하기 위해 특정 데이터를 필요로 하기 때문에, 상당히 단순하다고 볼 수 있다. 이는 딥러닝 네트워크에 특정 문제를 설명하는 데이터를 제공해야 알고리즘이 문제를 해결하는 방식 때문이다.

딥러닝 알고리즘은 주어진 데이터에 대해 특정 작업을 수행하기 위해 학습되지만, 이런 특성상 특정 작업에만 특화되어 있고 다른 작업에는 적용하기 어려워 유연성이 부족하다. 이는 인공지능이 다양한 문제에 적용되는 데 제한을 두며, 그 활용 범위를 제한한다.

인공지능의 이런 유연성 부족은 새로운 문제나 변경된 상황에 인공지능이 적응하는 데 어려움을 초래한다. 예를 들어, 인공지능이 특정 작업에 대해 학습되었을 때, 그 작업의 조건이 조금이라도 변경되면 인공지능은 그 작업을 수행하는 데 어려움을 겪을 수 있다. 이는 인공지능이 새로운 문제를 해결하거나 변경된 상황에 적응하는 데 필요한 유연성이 부족하기 때문이다.

이런 유연성 부족을 해결하기 위한 방법 중 하나로는 전이 학습이 있다. 전이 학습은 인공지능이 한 작업에서 배운 것을 다른 작업에 적용하는 방법으로, 이를 통해 인공지능은 다양한 문제에 적응하고 새로운 문제를 해결하는 능력을 향상시킬 수 있다.

그러나, 이 방법들도 항상 유연성 부족 문제를 완전히 해결할 수 있는 것은 아니다. 따라서, 인공지능의 유연성을 향상시키고, 인공지능이 다양한 문제에 적응하고 새로운 문제를 해결하는 능력을 개발하는 것은 인공지능 연구의 중요한 과제이다.

이 외에도, 강화학습이라는 또 다른 방법이 인공지능의 유연성을 향상시키는 데 사용될 수 있다. 강화학습은 인공지능이 환경으로부터 피드백을 받아 행동을 조정하며 학습하는 방식이다. 이를 통해 인공지능은 새로운 상황에 대해 빠르게 적응하고, 문제를 해결하는 데 필요한 가장 효율적인 행동을 학습할 수 있다. 이는 인공지능이 보다 실시간으로 변화하는 환경에 적응하면서 유연성을 확보하는 데 큰 도움이 된다.

그럼에도 불구하고, 딥러닝, 전이학습, 강화학습과 같은 다양한 방법들이 인공지능 유연성을 향상시키는 데 기여할 수 있지만, 여전히 많은 과제와 도전이 남아 있다. 특히, 인공지능이 다양한 문제와 상황에 유연하게 대응하도록 만드는 것은 인공지능의 성능을 크게 향상시키는 핵심 요소이며 그 중 가장 중요한 문제 중 하나이다.

따라서 인공지능의 유연성을 더욱 향상시키고, 인공지능이 다양한 문제에 적응하고 새로운 문제를 해결하는 능력을 개발하는 것은 인공지능 연구의 주요한 목표이다. 이를 위해 우리는 지속적으로 새로운 알고리즘과 기술을 개발하고, 그 효과를 시험하며, 이를 통해 인공지능의 성능을 향상시키는 데 기여해야 한다. 이러한 노력은 결국 인공지능이 더욱 다양한 분야에서 활용되고, 그 성능도 향상될 것으로 기대된다.

### 5.1.5. 윤리적, 사회적 문제

인공지능 기술의 발전은 인류에게 많은 혜택을 가져다 주었지만, 동시에 윤리적인 문제들도 제기하고 있다. 인공지능이 인간의 일자리를 대체하고, 개인정보를 침해할 수 있는 가능성, 그리고 자율적인 결정을 내릴 때의 도덕적 책임 등은 우리 사회가 직면한 중요한 고민거리다.

인공지능의 윤리적 고려사항은 단순히 기술적인 문제를 넘어서 인간의 가치와 권리, 사회적 정의와 같은 근본적인 문제에 대한 고민을 필요로 한다. 인공지능이 가져올 미래에 대해 긍정적인 비전을 제시하면서도, 그로 인해 발생할 수 있는 부정적인 영향을 최소화하는 방안을 모색해야 한다.

인공지능 기술의 발전이 우리 사회에 미치는 윤리적 영향에 대해 살펴보고, 이에 대한 책임 있는 대응 방안을 모색해 보겠다. 인공지능 기술의 발전이 가져오는 혜택을 최대화하면서, 동시에 윤리적, 사회적 책임을 다하는 방법에 대해 논의하겠다.

인공지능 기술의 발전은 개발자와 기업, 그리고 사회 전체에게 책임을 요구한다. 첫째, 인공지능 시스템을 개발하는 개발자와 기업은 윤리적 가이드라인을 수립하고 따라야 한다. 이는 인공지능 시스템이 인간의 가치와 권리를 존중하며 작동하도록 보장하는 기본적인 조치다.

둘째, 정부와 정책 입안자는 인공지능 기술의 발전이 사회에 미치는 영향을 면밀히 모니터링하고, 필요한 규제와 정책을 마련해야 한다. 이는 인공지능 기술이 사회적 가치와 목표에 부합하도록 유도하는 역할을 한다.

셋째, 사회 전체가 인공지능 기술의 발전에 대해 적극적으로 참여하고, 의견을 제시해야 한다. 인공지능 기술의 발전 방향과 윤리적 기준에 대한 사회적 합의를 이끌어내는 것이 중요하다.

인공지능 기술의 발전이 가져오는 혜택을 최대화하면서도, 이로 인해 발생할 수 있는 부정적인 영향을 최소화하기 위한 노력이 필요하다. 인공지능 기술의 윤리적, 사회적 책임을 다하기 위한 노력은 인공지능 기술의 지속 가능한 발전을 위한 필수적인 조건이다.

이러한 노력을 위해서는, 우리는 인공지능 기술이 어떤 윤리적 원칙을 따라야 하는지 결정하는데 있어서 폭넓게 대화를 나눠야 한다. 이는 학자들, 개발자들, 그리고 일반 대중을 포함한 모든 이해관계자들이 참여하는 과정이어야 한다.

이런 대화를 통해, 우리는 인공지능이 우리 사회에 어떤 영향을 미칠 수 있는지에 대한 더 깊은 이해를 얻을 수 있다. 더욱이, 이러한 대화는 인공지능 기술이 인간의 삶을 향상시키는 방향으로 발전하도록 도울 수 있다.

마지막으로, 인공지능 기술에 대한 교육과 이해를 넓혀가는 것이 중요하다. 인공지능 기술의 발전은 빠르게 진행되고 있으며, 이를 이해하고 적절히 대응하기 위해서는 지속적인 학습이 필요하다. 이를 통해, 우리는 인공지능 기술이 우리 사회와 생활에 미치는 영향을 더욱 잘 이해하고, 이에 대해 적절하게 대응할 수 있을 것이다.

인공지능의 발전은 또한 기업과 정부의 역할을 넘어서 개개인의 삶에까지 영향을 미치며, 이러한 변화를 이해하고 적응하는 것은 우리 모두의 책임이다. 이를 위해 개개인이 인공지능에 대한 이해를 높이는 것이 중요하다. 이를 통해, 우리는 인공지능 기술이 가져다주는 변화에 대비할 수 있을 것이다.

최종적으로, 인공지능 기술의 윤리적, 사회적 책임에 대한 논의는 사회 전체의 참여와 이해를 필요로 한다. 이는 인공지능의 발전이 우리 사회에 가져다주는 혜택을 최대화하고, 부정적인 영향을 최소화하는 방향으로 이루어져야 한다. 이를 통해, 우리는 인공지능 기술의 지속 가능한 발전을 추구하고, 이를 통해 더 나은 미래를 구축할 수 있을 것이다.

## 5.2. 인공지능 윤리

### 5.2.1 인공지능 윤리의 중요성

인공지능은 인간의 지능을 모방하거나 초월하는 혁신적인 기술로서, 사회적, 경제적, 문화적, 정치적, 법적 등의 다양한 영역에 영향을 미치며, 우리의 삶을 크게 변화시키고 있다. 이 기술은 인간의 삶의 질을 향상시키거나 문제를 해결하는 데 크게 기여하며, 창의성을 발휘하거나 새로운 가능성을 열어줄 수 있다. 그러나, 동시에 인공지능은 인간의 가치, 권리, 책임, 자유, 안전, 공정성, 신뢰성 등에 위협이 될 수도 있다. 인공지능은 인간의 의사결정에 개입하거나, 인간의 행동을 조작하거나, 인간의 사생활을 침해하거나, 인간의 존엄성을 손상시킬 수 있으며, 인간과 인공지능 간의 갈등과 감정을 야기할 수 있다. 이에 따라, 인공지능은 단순히 기술적인 문제를 넘어서, 윤리적, 사회적, 문화적, 정치적, 법적 등 다차원적인 문제로 인식되어야 한다.

인공지능 윤리란 이러한 문제들을 탐구하고, 인공지능의 개발과 활용 과정에서 발생하거나 발생할 수 있는 윤리적 문제들을 다루는 학문 분야를 의미한다. 이는 인공지능이 인간과 사회에 미치는 영향을 평가하고, 인간의 가치와 권리를 존중하고, 인간의 복지와 행복을 증진하고, 인간의 책임과 의무를 명확히 하고, 인간과 인공지능 간의 조화와 협력을 도모하기 위한 원칙과 가이드라인을 제시한다. 인공지능 윤리는 인공지능의 윤리적, 사회적, 문화적, 정치적, 법적 등 다양한 측면을 고려하고, 인간의 본질과 존엄성을 보호하고, 인간의 권리와 자유를 보장하고, 인간의 책임과 의무를 명확히 하고, 인간과 인공지능 간의 조화와 협력을 도모하기 위한 방법과 수단을 연구한다. 또한, 인공지능의 발전과 활용에 대한 윤리적 판단과 행동을 유도하고, 인공지능의 윤리적 문제에 대한 사회적 대화와 합의를 촉진하고, 인공지능의 윤리적 규범과 제도를 수립하고, 인공지능의 윤리적 교육과 훈련을 실시하는 등의 다양한 활동을 수행한다.

인공지능 윤리의 중요성은 다음과 같이 요약할 수 있다.

① 인공지능은 인간과 사회에 큰 영향을 미치는 기술이며, 따라서 그 윤리적 문제는 인간의 가치와 권리, 책임과 의무, 복지와 행복, 조화와 협력 등에 관한 핵심적인 문제로 볼 수 있다.

② 인공지능 윤리는 인공지능의 윤리적 문제를 탐구하고, 인공지능이 인간과 사회에 미치는 영향을 평가하고, 인공지능이 인간의 가치와 권리를 존중하고, 인간의 복지와 행복을 증진하고, 인간의 책임과 의무를 명확히 하고, 인간과 인공지능 간의 조화와 협력을 도모하기 위한 원칙과 가이드라인을 제시하는 학문 분야로서의 중요성이 있다.

③ 인공지능 윤리는 인공지능의 윤리적 문제에 대한 사회적 대화와 합의를 촉진하고, 인공지능의 윤리적 규범과 제도를 수립하고, 인공지능의 윤리적 교육과 훈련을 실시하는 등의 활동을 통해, 우리 사회 전체에 대한 영향력을 미치며, 이는 인공지능 기술의 올바른 개발과 활용을 위해 절대적으로 필요한 일이다.

이와 같이, 인공지능은 그 개발과 활용 과정에서 다양한 윤리적 문제들을 야기한다. 이러한 문제들은 단순히 기술적인 문제를 넘어서, 인간의 가치와 권리, 책임과 의무, 복지와 행복, 조화와 협력 등에 관한 중요한 문제들을 포함하며, 이러한 문제들을 해결하기 위해서는 인공지능 윤리에 대한 깊은 이해와 적절한 대응이 필요하다. 인공지능 윤리는 이러한 문제들을 탐구하고, 인공지능이 인간과 사회에 미치는 영향을 평가하고, 인공지능이 인간의 가치와 권리를 존중하고, 인간의 복지와 행복을 증진하고, 인간의 책임과 의무를 명확히 하고, 인간과 인공지능 간의 조화와 협력을 도모하기 위한 원칙과 가이드라인을 제시한다. 이는 인공지능의 윤리적, 사회적, 문화적, 정치적, 법적 등 다양한 측면을 고려하고, 인간의 본질과 존엄성을 보호하고, 인간의 권리와 자유를 보장하고, 인간의 책임과 의무를 명확히 하고, 인간과 인공지능 간의 조화와 협력을 도모하기 위한 방법과 수단을 연구한다. 또한, 인공지능의 발전과 활용에 대한 윤리적 판단과 행동을 유도하고, 인공지능의 윤리적 문제에 대한 사회적 대화와 합의를 촉진하고, 인공지능의 윤리적 규범과 제도를 수립하고, 인공지능의 윤리적 교육과 훈련을 실시하는 등의 다양한 활동을 수행한다.

따라서, 인공지능 윤리는 우리 사회가 인공지능 기술의 발전과 활용을 올바르게 이해하고, 이를 적절히 대응하고, 이에 대한 윤리적 판단과 행동을 유도하는 데 중요한 역할을 수행한다. 이는 인공지능 기술의 영향력이 점점 커지는 현재와 미래에 있어서, 우리 사회 전체가 인공지능 기술에 대한 올바른 이해와 대응을 가지고, 이 기술의 발전과 활용을 올바르게 이해하고, 이를 적절히 대응하는 데 필수적인 것이다. 이를 위해, 우리는 인공지능 윤리에 대한 깊은 이해와 연구, 그리고 이를 바탕으로 한 적절한 대응과 행동이 필요하다.

### 5.2.2 인공지능 윤리의 주요 이슈

인공지능(AI)은 사람의 지능을 모방하거나 대체하는 기술로, 다양한 분야에서 혁신적인 성과를 내고 있다. 이러한 기술의 발전은 우리 사회, 경제, 문화, 심지어는 인간의 삶 자체를 변화시키고 있다. 그러나 이런 변화는 양면성을 띠고 있다. 인공지능의 발전과 활용은 동시에 사회적, 윤리적, 법적 문제를 야기하기도 한다. 이에 대한 깊은 이해와 통찰이 필요하다.

인공지능 윤리는 인공지능의 개발과 사용에 관련된 윤리적 쟁점과 가치를 탐구하는 학문이다. 이는 기술의 발전 속도에 따라 점점 더 중요해지고 있다. 인공지능 윤리의 주요 이슈는 다음과 같다.

① 차별성: 인공지능은 학습에 사용된 데이터나 알고리즘의 편향성으로 인해 성별, 인종, 연령, 계층 등의 측면에서 사회 구성원에 대한 차별을 드러낼 수 있다. 예를 들어, 인공지능 챗봇이 혐오 발언을 하거나, 인공지능 얼굴 인식 기술이 피부색이 어두운 사람이나 여성을 잘못 인식하는 경우가 있다. 이러한 차별성은 인간의 존엄성과 평등성을 침해하고, 사회적 불만과 갈등을 야기할 수 있다. 이를 극복하기 위해 인공지능의 편향성을 인식하고 이를 줄이는 방법을 연구해야 한다.

② 사생활 침해: 인공지능은 사람의 행동, 의사결정, 대화 등에 대한 데이터를 수집하고 분석하며, 이를 통해 사람의 성향, 취향, 성향, 감정 등을 파악할 수 있다. 이러한 데이터는 인공지능의 서비스 향상이나 맞춤형 추천을 위해 활용될 수 있지만, 동시에 사람의 사생활을 노출하거나 유용할 수 있다. 예를 들어, 인공지능 비서나 스마트 스피커 등은 사람의 개인 정보나 대화 내용을 무단으로 저장하거나 공유

할 수 있으며, 이를 통해 사람의 신용도, 건강 상태, 정치 성향 등을 판단하거나 조작할 수 있다. 이러한 사생활 침해는 인간의 자유와 권리를 침해하고, 사회적 신뢰감을 저하시킬 수 있다.

③ 불공정성: 인공지능은 사람보다 빠르고 정확하게 데이터를 처리하고 판단할 수 있지만, 이는 동시에 불공정한 결과를 야기할 수 있다. 예를 들어, 인공지능이 금융, 의료, 법률, 교육 등의 분야에서 사람의 대신 의사결정을 하거나, 자율주행차, 드론, 군사용 로봇 등의 분야에서 사람의 대신 행동을 할 때, 인공지능의 판단 기준이나 행동 원리가 투명하지 않거나, 인간의 가치와 일치하지 않거나, 인간의 통제를 벗어날 수 있다. 이러한 불공정성은 인간의 책임과 권한을 약화시키고, 사회적 불균형과 위험을 증대시킬 수 있다.

④ 인간성의 손실: 인공지능은 사람의 지능을 모방하거나 대체하려는 시도로, 인간의 정체성과 존재 의미에 대한 질문을 불러일으킨다. 예를 들어, 인공지능이 사람의 언어, 감정, 창의성 등을 흉내내거나, 인공지능과 사람이 혼합되거나, 인공지능이 자기 의식을 가지거나, 인공지능이 인간보다 우월하게 되는 경우가 있다. 이러한 인간성의 손실은 인간의 독특성과 가치를 상실하고, 인간과 인공지능의 관계에 대한 혼란과 갈등을 야기할 수 있다.

⑤ 인공지능의 책임과 규제: 인공지능은 사람들의 안전과 복지, 행복과 삶의 질에 영향을 미칠 수 있다. 예를 들어, 인공지능이 자율주행차, 의료기기, 군사무기 등의 분야에서 사고나 실수, 고장 등을 일으키고, 이로 인해 인명이나 재산에 피해가 발생할 수 있다. 이러한 경우, 인공지능의 책임과 규제는 누구에게 있어야 하는가? 인공지능은 법적 주체가 될 수 있는가? 인공지능은 도덕적 판단을 할 수 있는가? 등의 질문이 제기된다. 이는 인공지능의 적법성과 권리에 대한 중요한 논의가 필요하다.

### 5.2.3 인공지능 윤리를 위한 가이드라인

인공지능 윤리 가이드라인은 인공지능의 개발과 사용, 그리고 그로 인해 발생하는 다양한 영향에 관련된 윤리적 가치와 원칙을 명확하게 정의하는 중요한 문서다. 이 가이드라인은 인공지능의 적절한 사용을 위한 규범을 설정하고, 이에 따른 사회적 영향을 고려하기 위해 다양한 기관, 단체, 그리고 연구소 등이 지속적으로 모색하고 있다.

인공지능 기술의 발전은 우리 사회에 많은 혜택을 가져다주지만, 동시에 여러 윤리적 문제를 제기한다. 이러한 문제들은 인공지능이 인간의 일자리를 대체하는 것부터 시작해서, 개인정보를 침해할 수 있는 가능성, 그리고 자율적인 결정을 내릴 때의 도덕적 책임 등 다양하다. 이러한 문제들을 해결하기 위해서는 인공지능 윤리 가이드라인이 필요하다.

인공지능 윤리 가이드라인에는 대표적으로 아래와 같은 몇 가지 원칙들이 포함되어 있다.

① 아실로마 인공지능 원칙: 이 원칙은 2017년 1월에 인공지능 연구자들, 경제학자들, 법학자들, 윤리학자들, 그리고 철학자들 등이 캘리포니아 아실로마에서 선언하였다. 이 원칙은 인공지능이 인간의 존엄성과 권리, 복지와 자유를 증진하고, 인간의 다양성과 가치를 존중하며, 인간의 통제와 책임 하에 있어야 하며, 인간의 안전과 개인 정보를 보호하고, 사회적 협력과 공정성을 강화하고, 인간의 지능과 창의성을 발전시켜야 한다는 내용을 담고 있다.

② OECD 인공지능 원칙: 이 원칙은 2019년 5월에 경제 협력 개발 기구(OECD)에서 채택하였다. 이 원칙은 인공지능이 인간의 가치와 권리를 존중하며, 인간의 복지와 지속 가능한 발전을 증진하고, 인간의 자유와 자기결정권을 보장하며, 인간의 책임과 협력을 강화하고, 인간의 지식과 혁신을 확장해야 한다는 내용을 담고 있다.

③ G20 인공지능 가이드라인: 이 가이드라인은 2019년 6월에 20개 주요 경제국(G20)에서 채택하였다. 이 가이드라인은 인공지능이 인간 중심의 접근 방식을 따라야 하며, 인간의 가치와 권리를 보호하고, 인간의 복지와 사회적 이익을 증대하며, 인간의 다양성과 포용성을 촉진하고, 인간의 지능과 창의성을 존중하며, 인간의 책임과 규제를 준수해야 한다는 내용을 담고 있다.

인공지능 윤리 가이드라인은 인공지능의 발전과 활용에 있어 윤리적인 기준과 방향을 제시하는 역할을 한다. 이를 통해 인공지능의 부정적인 영향을 최소화하고, 인공지능의 긍정적인 영향을 극대화하기 위한 노력을 하고 있다.

이 가이드라인은 인공지능의 이해관계자들이 공동으로 참여하고, 지속적으로 검토하고, 실질적으로 적용해야 한다. 이는 인공지능이 사회 전반에 긍정적인 영향을 미치도록 하기 위한 중요한 단계로, 이를 통해 인공지능 기술이 우리 사회에 미치는 영향을 적절하게 관리하고, 인공지능의 가능성을 최대한 활용할 수 있을 것이다.

인공지능 윤리 가이드라인은 인공지능 기술의 발전에 따른 윤리적 문제를 해결하는 데 중요한 역할을 한다. 이 가이드라인은 인공지능 기술이 인간의 존엄성과 권리, 복지와 자유를 증진하고, 인간의 다양성과 가치를 존중하며, 인간의 통제와 책임 하에 있어야 하며, 인간의 안전과 개인 정보를 보호하고, 사회적 협력과 공정성을 강화하고, 인간의 지능과 창의성을 발전시키는 등의 원칙을 준수하도록 한다.

따라서, 인공지능 윤리 가이드라인은 인공지능 기술의 발전과 활용에 있어 중요한 역할을 하며, 이를 통해 인공지능 기술이 우리 사회에 미치는 영향을 적절하게 관리하고, 인공지능의 가능성을 최대한 활용할 수 있게 한다.

# 참고문헌

## 학술문헌

Allen, N., & Simon, H. (1959). The general problem solver. In Proceedings of the International Conference on Information Processing.

Amiri, A., et al. (2018). Reinforcement learning: Concepts and applications. Journal of Artificial Intelligence Research, 62, 1-29.

Banl, T., Lee, C., & Choi, M. (2021). Autoencoder architectures in anomaly detection. Machine Learning Studies, 8(3), 212-225.

Bayat, R. (2023). A Study on Sample Diversity in Generative Models: GANs vs. Diffusion Models. AI Journal of Research, 12(4), 45-63.

Bishop, C. M. (2006). Pattern Recognition and Machine Learning. Springer.

Blei, D. M., Ng, A. Y., & Jordan, M. I. (2003). Latent Dirichlet Allocation. Journal of Machine Learning Research, 3(Jan), 993-1022.

Brown, T. B., Mann, B., Ryder, N., Subbiah, M., Kaplan, J., Dhariwal, P., ... & Amodei, D. (2020). Language models are few-shot learners. Advances in Neural Information Processing Systems, 33, 1877-1901.

Charniak, E., & McDermott, D. (1985). Introduction to Artificial Intelligence. Addison-Wesley.

Doersch, C. (2016). Tutorial on variational autoencoders. arXiv preprint arXiv:1606.05908.

Dyer, G. (2016). Robot wars: The next battlefield. Financial Times. Retrieved from https://www.ft.com/content/849666f6-cbf2-11e5-a8ef-ea66e967dd44.

Farahanipad, F., Rezaei, M., Nasr, M. S., Kamangar, F., & Athitsos, V. (2022). A survey on GAN-based data augmentation for hand pose estimation problem. Technologies, 10(2), 43.

Frolov, S., Hinz, T., Raue, F., Hees, J., & Dengel, A. (2021). Adversarial text-to-image synthesis: A review. Neural Networks, 144, 187-209.

Garza-Ulloa, J. (2018). Application of mathematical models in biomechatronics: Artificial intelligence and time-frequency analysis. Applied Biomechatronics using Mathematical Models. Elsevier Inc.

Goodfellow, I., Pouget-Abadie, J., Mirza, M., Xu, B., Warde-Farley, D., Ozair, S., ... & Bengio, Y. (2020). Generative adversarial networks. Communications of the ACM, 63(11), 139-144.

Goodfellow, I., Pouget-Abadie, J., Mirza, M., et al. (2014). Generative adversarial nets. In Advances in Neural Information Processing Systems (pp. 2672-2680).

Gu, J., et al. (2018). Recent advances in convolutional neural networks. Pattern Recognition, 77, 354-377.

Hochreiter, S., & Schmidhuber, J. (1997). Long short-term memory. Neural Computation,

9(8), 1735–1780.

Hagel, C. (2014). The third offset strategy: Maintaining America's military dominance. Defense Strategy Review, 12(3), 14–20.

James, G., Witten, D., Hastie, T., Tibshirani, R., & Taylor, J. (2023). Unsupervised learning. In An Introduction to Statistical Learning: with Applications in Python (pp. 503–556). Cham: Springer International Publishing.

Krenker, P., & Rozman, B. (2011). Neural network design. IEEE Transactions on Neural Networks, 22(4), 654–667.

Krizhevsky, A., Sutskever, I., & Hinton, G. E. (2012). ImageNet classification with deep convolutional neural networks. Advances in Neural Information Processing Systems, 25, 1097–1105.

LeCun, Y., Bengio, Y., & Hinton, G. (2015). Deep learning. Nature, 521(7553), 436–444.

McCarthy, J. (2006). The philosophy of AI. Stanford Encyclopedia of Philosophy.

Mojid, M. A., et al. (2019). Deep architectures and convolutional networks. IEEE Access, 7, 123456–123471.

Newell, A., & Simon, H. A. (1972). Human problem solving (Vol. 104, No. 9). Englewood Cliffs, NJ: Prentice-Hall.

Nugroho, H., Susanty, M., Irawan, A., Koyimatu, M., & Yunita, A. (2020). Fully convolutional variational autoencoder for feature extraction of fire detection system. Jurnal Ilmu Komputer dan Informasi, 13(1), 9–15.

Poole, D., Mackworth, A., & Goebel, R. (1998). Computational Intelligence: A Logical Approach. Oxford University Press.

Razavi, A., Van den Oord, A., & Vinyals, O. (2019). Generating diverse high-fidelity images with VQ-VAE-2. Advances in Neural Information Processing Systems, 32.

Rich, E., & Knight, K. (1991). Artificial Intelligence. McGraw-Hill.

Russell, S. J., & Norvig, P. (2010). Artificial intelligence: A modern approach. London.

Schmidhuber, J. (2015). Deep learning in neural networks: An overview. Neural Networks, 61, 85–117.

Sherstinsky, A. (2020). Fundamentals of recurrent neural network and long short-term memory network. Physica D: Nonlinear Phenomena, 404, 132306.

Song, J., Park, S., & Kim, H. (2021). Noise removal techniques and applications. Journal of AI Techniques, 10(2), 56–68.

Sutton, R. S., & Barto, A. G. (2018). Reinforcement learning: An introduction. MIT Press.

Tabian, T., & Kim, J. (2019). CNN structure and applications. Computer Vision Review, 14(3), 221–235.

Tortoise Intelligence. (2023). AI developments in modern warfare. Journal of Military Innovations, 45(1), 25–39.

Turing, A. M. (2009). Computing machinery and intelligence. In Springer Netherlands (pp. 23-65).

Vaswani, A., Shazeer, N., Parmar, N., Uszkoreit, J., Jones, L., Gomez, A. N., ... & Polosukhin, I. (2017). Attention is all you need. Advances in Neural Information Processing Systems, 30, 5998-6008.

Wang, X., Huang, T., & Yu, D. (2020). Advances in AI for autonomous vehicles. Journal of AI Research, 15(3), 211-225.

Wu, Y., Schuster, M., Chen, Z., Le, Q. V., Norouzi, M., Macherey, W., ... & Dean, J. (2016). Google's neural machine translation system: Bridging the gap with human-level translation. arXiv preprint arXiv:1609.08144.

Zhang, Z., Lipton, Z. C., Li, M., & Smola, A. J. (2021). Dive into deep learning. MIT Press.

Zhao, H., Gallo, O., Frosio, I., & Kautz, J. (2017). Loss functions for image restoration with neural networks. IEEE Transactions on Computational Imaging, 3(1), 47-57.

Zhou, Z. H. (2016). Ensemble methods: Foundations and algorithms. Chapman and Hall/CRC.

Zoph, B., Vasudevan, V., Shlens, J., & Le, Q. V. (2018). Learning transferable architectures for scalable image recognition. Proceedings of the IEEE Conference on Computer Vision and Pattern Recognition, 8697-8710.

Özçelik, E., & Öztürk, M. (2019). Explainable AI for healthcare: A state-of-the-art survey. Health Informatics Journal, 25(3), 567-582.

강익희·권호영·김숙·송진·장민지. (2017). 인간, 콘텐츠 그리고 4차 산업혁명: 변화와 대응. KOCCA FOCUS 17-03, 한국콘텐츠진흥원.

김경수, & 조남욱. (2022). 특허 마이닝을 이용한 국방관련 국제특허분류 개선 방안 연구. 품질경영학회지, 50(1), 21-33.

김시구, 류광열, & 신문수. (2022). 제조협업 지원을 위한 스마트 휴먼-로봇 협업시스템 프레임워크. 대한산업공학회 추계학술대회 논문집.

김여진. (2023). CNN-LSTM 모델을 활용한 센서 데이터 기반 기계 고장 발생 예측. 국내석사학위논문, 금오공과대학교 대학원.

서영민, 강재민, & 권선영. (2023). 인공지능을 활용한 CNC 기계 절삭공구 마모 예측 최신 연구 동향 분석. 한국정보과학회 학술발표논문집.

손창호, 김강원, & 이영훈. (2020). 기술정보분석을 통한 국방과학기술 분석 연구: 특허분석을 중심으로. 한국국방경영분석학회지, 46(2), 41-56.

이기성, & 이종찬. (2022). 사출 공정에서 불량 예측을 위한 데이터 분석 및 AI 적용 모델. 한국산학기술학회 논문지, 23(12), 1001-1008.

이은서, 배희철, 김현종, 한효녕, 이용귀, & 손지연. (2020). 미래 스마트 제조를 위한 인공지능 기술동향. 전자통신동향분석, 35(1), 60-70.

## 웹사이트 및 기타 자료


Banl, A., Doersch, C., & Razavi, A. (2021). Autoencoders and variational autoencoders. https://lilianweng.github.io/posts/2018-08-12-vae/.

Frolov, I. (2021). Text-to-image synthesis with GANs. https://www.jcgtechniques.org.

Genuine Impact. (2023, October 29). A brief history of AI. http://www.genuineimpact.substack.com.

IBM Developer. (2023, December 2). Recurrent neural networks. https://developer.ibm.com/articles/cc-cognitive-recurrent-neural-networks/.

Lockheed Martin. (n.d.). Autonomic Logistics Information System. https://www.lockheedmartin.com/en-us/products/autonomic-logistics-information-system-alis.html.

Microsoft. (2016). The Next Rembrandt. https://www.nextrembrandt.com.

NVIDIA. (2019). Jukedeck music generation. https://www.jukedeck.com.

OpenAI. (2021). DALL·E: Creating Images from Text. https://openai.com/blog/dall-e/.

Wikipedia. (2023, October 29). History of artificial intelligence. https://en.wikipedia.org/wiki/History_of_artificial_intelligence.

Wikipedia. (2023, December 2). Recurrent neural network. https://en.wikipedia.org/wiki/Recurrent_neural_network.

Wikipedia. (2023, December 3). Variational autoencoder. https://en.wikipedia.org/wiki/Variational_autoencoder.

Wikipedia. (2023, December 3). Generative adversarial network. https://en.wikipedia.org/wiki/Generative_adversarial_network.

**인공지능입문**

**손창호, 이은애 지음**

정가 14,000원
ISBN 978-89-5568-532-9
발행일 2025년 7월 31일

펴낸곳 양서각
펴낸이 신대영
주소 경기도 가평군 청평면 소돌말길 7-6
전화번호 010-2063-5489

디자인 보라

반품처 서연물류
주소 경기도 파주시 장터고개길 120 창고3
전화번호 010-9228-7723